Pour David et Adèle
Sandrine

ISBN 2-07-053896-6

Loi n° 49-956 du 16 juillet 1949 sur les publications destinées à la jeunesse.

1er dépôt légal : septembre 2002 - Dépôt légal : décembre 2005 - N° d'édition : 141840
Photogravure : IGS
Imprimé en Italie par EuroGrafica

Sur les traces de...

MARCO POLO

GALLIMARD JEUNESSE

Sur les traces de...

MARCO POLO

raconté par Sandrine Mirza
illustré par Marcelino Truong

GALLIMARD JEUNESSE

Sur les traces de…

Marco Polo

Le voyage de Marco Polo

Marco Polo naît à Venise en 1254. À l'âge de dix-sept ans, il part avec son père Nicolo et son oncle Mafeo pour un long périple en Asie. Son voyage le mène jusqu'en Chine où il séjourne plusieurs années, au service de l'empereur mongol Koubilaï Khan. Il rentre chez lui en 1295, après quelque vingt-cinq années d'absence, et il meurt à Venise en 1324.

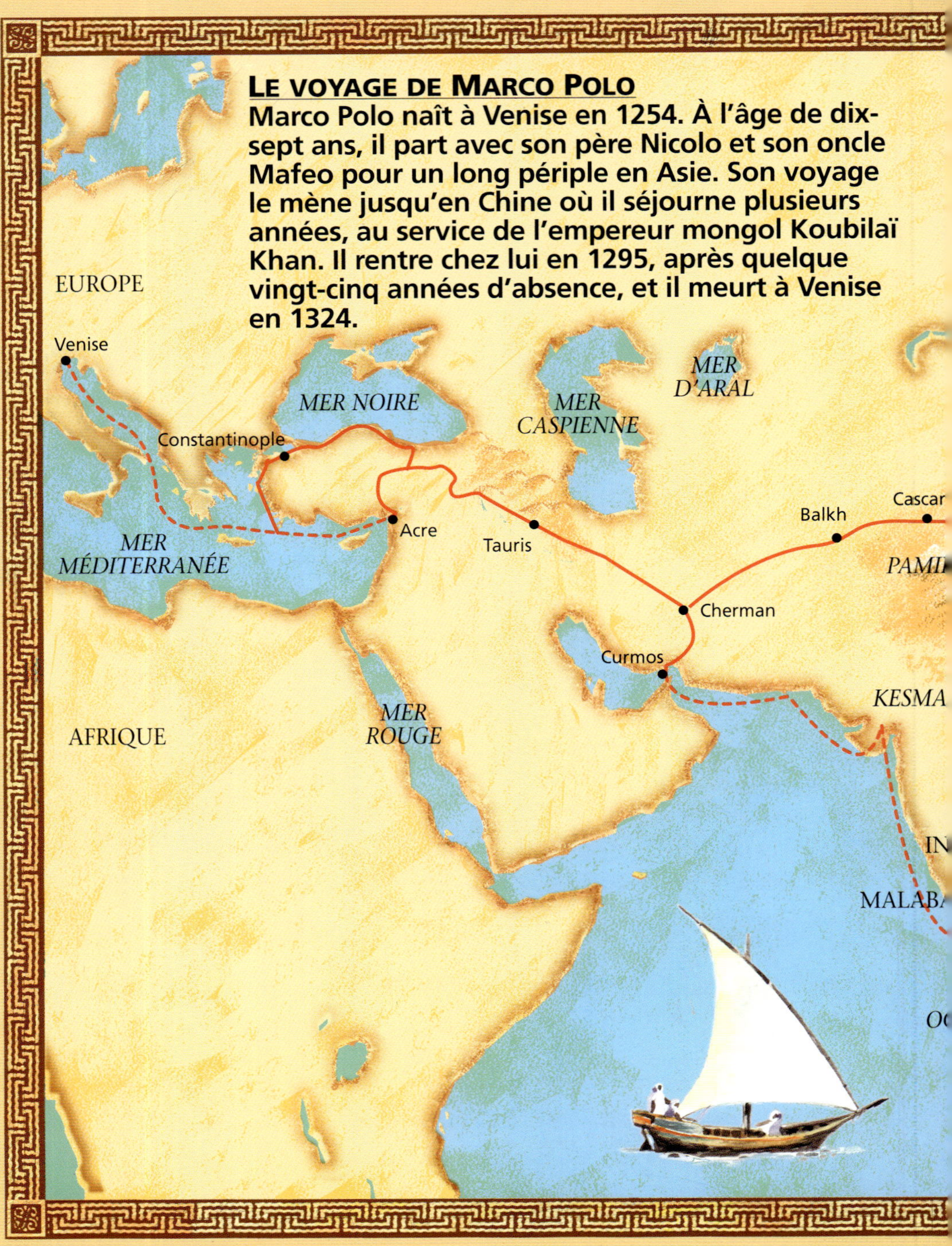

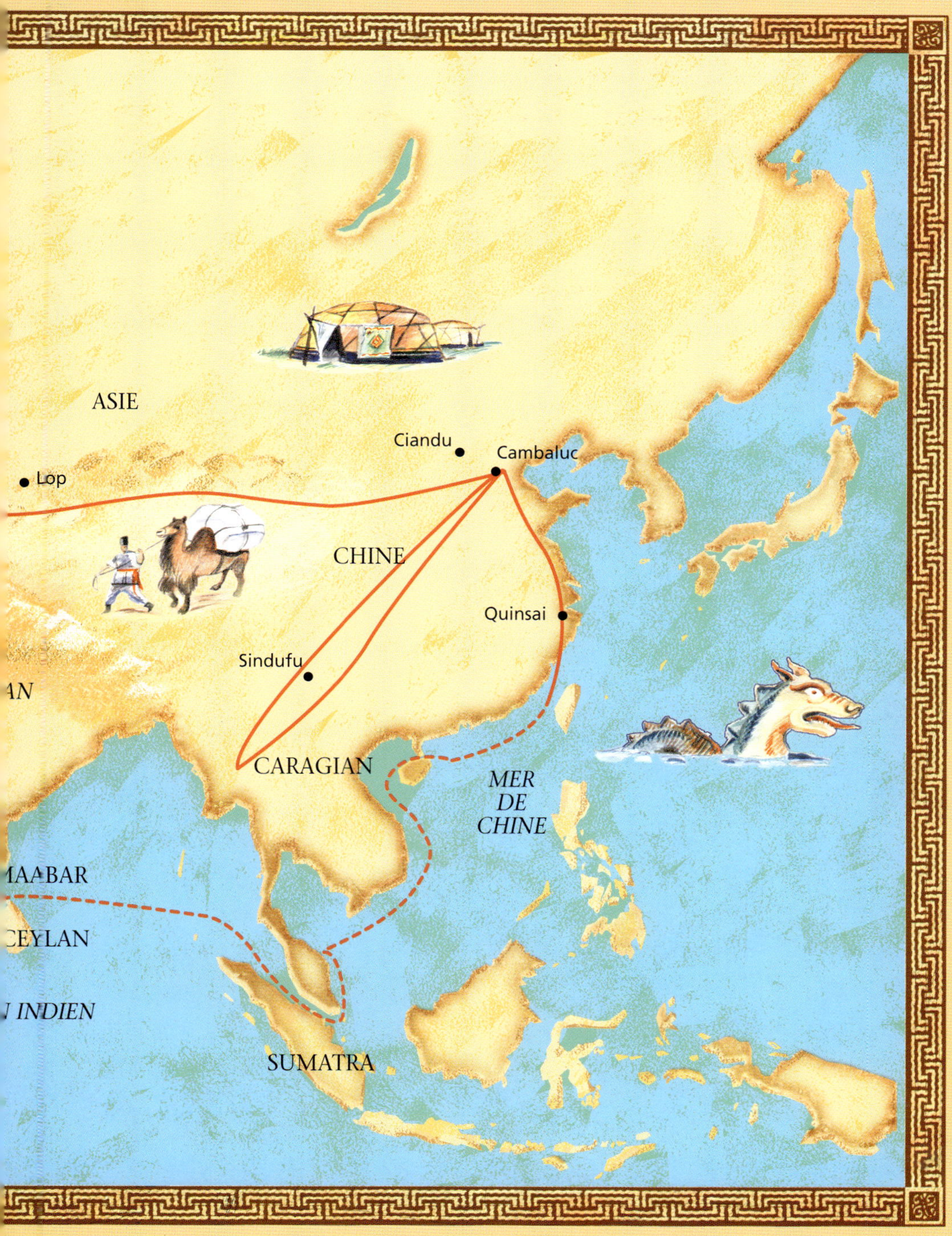

ASIE
Ciandu
Cambaluc
Lop
CHINE
Quinsai
Sindufu
AN
CARAGIAN
MER
DE
CHINE
MAABAR
CEYLAN
N INDIEN
SUMATRA

Le grand départ

J'ai vécu toute mon enfance à Venise. J'adorais ma ville et je passais le plus clair de mon temps à explorer ses ruelles et ses canaux. Je flânais de quartier en quartier, je traversais avec délices de petites places bordées de belles demeures et m'arrêtais devant chaque église pour en admirer les détails.

Mes pas me conduisaient régulièrement jusqu'à la grande place San Marco où s'élevait l'impressionnante forteresse qui servait de palais au **Doge** et de siège au gouvernement. À côté se trouvait la basilique San Marco ; je l'affectionnais particulièrement car elle était dédiée au saint dont je portais fièrement le nom et qui était aussi le patron de notre bonne cité. Comme tous les Vénitiens, j'étais attiré par la mer et j'allais souvent rêver au bord de la **lagune** ; parfois, je faisais parler les marins pour qu'ils me racontent leurs voyages lointains.

Doge : chef suprême de Venise.
Lagune : étendue d'eau comprise entre une côte et un banc de sable qui la sépare de la mer.
Calfat : ouvrier chargé de rendre étanche la coque d'un navire.

Je me passionnais aussi pour la construction des navires et sur les chantiers j'observais les charpentiers et les **calfats** qui s'activaient autour des coques. Pendant leurs pauses, j'allais les voir et les questionnais. Je me souviens particulièrement de ma rencontre avec un vieil ouvrier au visage mangé de barbe :

– Quelle sorte de navire fabriquez-vous ? lui demandai-je.

– En ce moment, nous construisons des galères, me répondit-il. Grâce à leur coque longue et étroite et à leurs multiples rangées de rames, elles sont particulièrement rapides et maniables. Elles servent surtout de vaisseaux militaires. Mais nous savons aussi construire des nefs, ces gros voiliers à coque ronde et massive qui peuvent transporter d'énormes quantités de marchandises.

– De tels navires entièrement en bois doivent demander beaucoup d'entretien ?

– C'est exact, gamin, car dans l'eau le bois s'abîme rapidement. Il faut sans cesse gratter la coque pour éviter que les algues, les coquillages et les vers ne la détruisent petit à petit. Puis il faut calfater les interstices : on bouche chaque fente avec de la **filasse** puis on enduit l'ensemble de goudron afin que la paroi soit bien étanche.

Filasse : filaments de végétaux (chanvre ou lin).

J'aimais par-dessus tout le Rialto, le quartier le plus animé de la ville où s'affairaient des marchands de toutes nationalités. Autour de l'unique pont en bois qui enjambait le Grand Canal se tenait un marché extraordinaire regorgeant de marchandises. Je ne me lassais pas d'écouter les **palabres** des vendeurs et des acheteurs, je furetais entre les étals fournis des échoppes et j'observais les artisans travailler dans leurs ateliers. Ma rue préférée était celle des orfèvres car ils fabriquaient d'inestimables joyaux renommés dans le monde entier.

Comme beaucoup de Vénitiens, j'appartenais à une famille de marchands assez aisés et je me destinais à faire carrière dans le **négoce**. Je voulais suivre les pas de mon père, Nicolo Polo, parti peu avant ma naissance et dont nous n'avions plus de nouvelles depuis des années. Il s'était embarqué, avec son frère Mafeo, pour **Constantinople**, où les Vénitiens jouissaient de grands privilèges pour commercer avec l'Orient. Ensuite, il avait décidé de gagner Soldanie, sur la rive nord de la mer Noire, et nous avions perdu sa trace. Bien que pénible, cette situation n'était pas unique car, à Venise, de nombreuses familles devaient se passer des hommes, absents pendant de longs mois.

Palabre : ongue discussion.
Négoce : activité commerciale.
Constantinople : capitale de l'Empire byzantin. Grande cité au carrefour de l'Orient et de l'Occident, elle fut appelée Byzance jusqu'en 330 et se nomme aujourd'hui Istanbul.

L'année de mes quinze ans, en l'an 1269, mon père et Mafeo revinrent. Ce fut une véritable surprise, car plus personne ne croyait leur retour possible, pas même ma pauvre mère qui était morte quelques années plus tôt,

sans les avoir revus. Nous fîmes connaissance progressivement et, au cours de longues conversations, mon père me raconta son **périple** :

– À Soldanie, nos affaires marchaient de moins en moins bien, aussi, Mafeo et moi avons décidé de tenter notre chance vers l'est. Nous nous sommes rendus à la cour d'un grand roi **tartare** appelé Berké. Il nous a très bien reçus et nous avons réalisé d'excellentes affaires.

– Je ne comprends pas, père, pourquoi n'es-tu pas retourné chez nous à ce moment-là ?

Périple : voyage comprenant de multiples étapes et aventures.
Tartares : nom sous lequel étaient autrefois désignés différents peuples d'Asie centrale. Ici, le terme s'applique aux Mongols.

– Marco, mon fils, sois sûr qu'au bout d'un an nous avons voulu rentrer à Venise, mais de graves événements politiques ont chamboulé nos plans. Une guerre a éclaté entre Berké et son cousin Hulagu, ce qui a rendu la route de notre retour très dangereuse. De plus, les Génois venaient de reprendre Constantinople aux Vénitiens et nous avions peur qu'ils nous empêchent de passer. En attendant des jours meilleurs, nous avons résolu de poursuivre vers l'est. Nous avons traversé un désert et nous sommes arrivés à Boukhara. La guerre entre les Tartares faisant toujours rage, nous sommes restés trois ans dans cette magnifique cité. Un jour, un envoyé de **Koubilaï Khan**, le Sire de tous les Tartares, nous a appris que son maître souhaitait rencontrer des **Latins** et nous a priés de le suivre. Koubilaï Khan nous a reçus avec maints honneurs et s'est montré curieux de tout connaître sur nos **us** et coutumes. Il s'est particulièrement intéressé à notre foi chrétienne et nous a demandé de bien vouloir être ses messagers auprès du pape. Chargés d'une mission officielle, nous avons donc entamé notre retour. Après une longue route, nous avons débarqué à Acre en avril 1269. Là, nous avons appris que le pape Clément IV était mort et qu'il nous fallait attendre l'élection du nouveau pape pour remplir notre **ambassade**. Profitant de ce contretemps, nous pouvions enfin rentrer à Venise et retrouver nos familles.

Koubilaï Khan : petit-fils de Gengis Khan, il dirige l'Empire mongol de 1260 à 1294.
Latins : peuples dont la langue est dérivée du latin. Le terme désigne aussi les chrétiens d'Occident.
Us : usages.
Ambassade : mission officielle auprès d'un chef d'État.

Les deux années qui suivirent le retour de mon père furent paisibles et heureuses. Mon père se remaria, me donna un frère et poursuivit ses affaires. Il me prit à ses côtés et m'enseigna l'art du négoce et ses subtilités. Mais il s'inquiétait de ne pas donner de ses nouvelles au Grand Khan, si longtemps après avoir quitté la terre des Tartares. Bien que le successeur de Clément IV ne fût toujours pas élu, il choisit de retourner avec Mafeo auprès de Koubilaï Khan et me proposa de les accompagner. J'étais fou de joie. À dix-sept ans, j'allais enfin connaître la grande aventure !

Mon père m'avertit que ce serait un voyage long et périlleux. Il redoutait par-dessus tout notre première étape en **Terre sainte** car il savait que le terrible sultan **mamelouk** Baybars y livrait une guerre sans merci aux Latins. Il m'apprit aussi que la huitième croisade lancée par Urbain IV ne donnait aucun résultat, que le roi de France **Louis IX** était mort devant Tunis l'année passée et que les **États latins d'Orient** gaspillaient leurs ultimes forces en querelles. Mais rien de tout cela ne pouvait me décourager et je pris la mer avec un rare sentiment d'euphorie.

Nous arrivâmes à Acre, l'un des derniers ports encore aux mains des Latins, et nous nous installâmes dans le quartier réservé aux Vénitiens.

Mon père se rendit immédiatement chez le **légat** Teobaldo Visconti pour obtenir des lettres et privilèges certifiant que Mafeo et lui avaient tout fait pour mener à bien leur ambassade, mais qu'il n'y avait toujours pas de pape en fonction. Le Grand Khan voulait également que mon père et mon oncle lui rapportent un peu d'huile de la lampe du **Saint-Sépulcre** en souvenir de sa mère qui était chrétienne **nestorienne**.

Terre sainte : lieu où le Christ a vécu.
Mamelouks : esclaves turcs qui se rendirent maîtres de l'Égypte après avoir servi dans la garde personnelle du sultan.
Louis IX : Saint Louis.
États latins d'Orient : royaumes fondés en Terre sainte par des seigneurs occidentaux ayant participé aux croisades.
Légat : représentant officiel du pape.
Saint-Sépulcre : tombeau du Christ à Jérusalem.
Nestorienne : les nestoriens étaient les membres d'une secte chrétienne fondée par Nestorius en 431.

Nous fîmes donc un rapide détour par Jérusalem, occupée par les **Sarrasins**, pour en recueillir un flacon. Puis, nous embarquâmes pour Laïas, un port de Petite Arménie. À peine arrivés, nous apprîmes que le légat Teobaldo Visconti venait d'être élu pape sous le nom de Grégoire X. Sans hésiter un instant, nous retournâmes à Acre. Le nouveau pape nous reçut en toute amitié et discuta longuement avec nous :

– Mes amis, vous savez que les Latins sont aujourd'hui obligés de faire alliance avec les Tartares pour tenter de repousser les Mamelouks. Je souhaite donc m'assurer l'appui de Koubilaï Khan et lui prouver mon estime. Que puis-je faire pour le contenter ?

– Le Grand Khan désire mieux connaître notre religion et demande que vous lui envoyiez cent savants capables de lui prouver que la foi chrétienne est supérieure aux autres. Si ces hommes réussissent à le convaincre, alors il acceptera de suivre les **préceptes** de l'Église.

Sarrasins : musulmans

Précepte : commandement, règle énonçant la conduite à suivre.

– Cela est bien difficile. Je ne peux lui dépêcher cent hommes, mais je vais demander à frère Nicolo de Vicense et à frère Guilielme de Tripule de vous accompagner. En outre, vous offrirez à Koubilaï Khan des joyaux de cristal et quelques autres cadeaux de grande valeur.

Au moment de se séparer, le pape nous accorda sa bénédiction. Puis ce fut le grand départ.

VENISE est, au XIIIe siècle, un port florissant qui entretient avec l'Orient de fructueux échanges commerciaux. La cité est également l'une des plus redoutables puissances politiques et militaires du bassin méditerranéen.

Chevaux de bronze de la basilique San Marco rapportés de Constantinople

Venise, la Sérénissime
Bâtie sur des îles, au milieu de la lagune, Venise est desservie par une multitude de canaux. À terre, un dédale de ruelles parcourt les différents quartiers. Chaque quartier s'organise autour d'une place, le campo, où se trouve une église. La plus célèbre place est la piazza **San Marco**, cœur politique et religieux de la cité. La ville possède aussi maints palais élégants comme la Ca d'Oro, une demeure jadis couverte de dorures.

“J’aimais par-dessus tout le Rialto, le quartier le plus animé de la ville.”

Trésor provenant de Constantinople

Le pillage de Constantinople
En 1204, le doge Enrico Dandolo demande aux soldats de la quatrième croisade d’attaquer Constantinople. Bien qu’elle soit chrétienne, la capitale de l’Empire byzantin est prise. Elle est ensuite livrée aux Vénitiens qui volent et rapportent chez eux ses plus belles œuvres d’art.

La cité des Doges
À partir du XIIIe siècle, seules les grandes familles inscrites dans le Livre d’or ont accès au gouvernement. Elles siègent au Grand Conseil, discutent les lois, élisent les membres des différentes instances de l’État et choisissent le doge. Ce dernier, élu à vie, incarne l’unité de la République. Symbole de la majesté de l’État, l’emblème de Venise est le lion ailé de saint Marc, le patron de la ville.

Quartier du Rialto

Le quartier du Rialto
Autour du Rialto, l’unique pont qui enjambe le Grand Canal, s’affairent les marchands. Ils vendent, notamment, épices, bijoux, tissus précieux et articles en verre de Murano.

Sur les routes de Perse

Dès notre retour à Laïas, au printemps 1272, nous apprîmes que le sultan Baybars venait de lancer une attaque contre la Petite Arménie. Craignant pour leur vie, les deux frères prêcheurs refusèrent d'aller plus loin. Ils nous remirent les courriers et les présents destinés au Grand Khan et s'en retournèrent promptement à Acre. Pour notre part, pas question de faire demi-tour. Nous traversâmes la Petite Arménie, puis la Turcomanie, une région fort réputée pour ses excellents chevaux et ses magnifiques tapis aux mille couleurs.

Nous étions entrés sur les terres du Grand Khan et je pouvais voir le long de la route les campements des **Tartares du Levant**. Leurs **tentes** étaient rondes, faites de perches en bois recouvertes de couvertures en feutre. Tout autour paissaient leurs troupeaux de vaches, de juments et de brebis. Ils avaient aussi de superbes chariots qui leur servaient à transporter leur famille, leur maison et tous leurs biens quand ils partaient en quête de nouveaux pâturages.

Tartares du Levant : Ilkhanides, Mongols de Perse.
Tentes : également appelées yourtes.

Notre itinéraire se poursuivit par la Grande Arménie et nous fîmes une halte très agréable à Arçingan, célèbre pour ses sources d'eau chaude et ses **geysers**. Se plonger dans l'un de ces bains naturels est la chose la plus agréable du monde... J'en fis personnellement l'expérience, avec d'autant plus de plaisir que ces baignades étaient réputées excellentes pour la santé.

À la frontière de la Grande Arménie et de la Perse, nous trouvâmes Tauris, une ville magnifique et fleurie, environnée de beaux jardins riches en fruits **délectables**. C'était un carrefour commercial très actif où se côtoyaient chrétiens et musulmans. On y parlait une multitude de langues différentes et les marchands vendaient ou achetaient des produits venus de tous les horizons.

Un soir, en me promenant à travers les ruelles du grand marché, je vis un homme mettre le feu à un liquide contenu dans un bol :

– Quel est ce prodige, mon ami ? Quelle est cette liqueur qui brûle si bien ? l'interrogeai-je.

– Cette **huile visqueuse** vient de Géorgie, m'expliqua le commerçant. Elle jaillit de terre en abondance et brûle avec tant de facilité que tous les habitants de la région l'utilisent pour leurs lampes. Appliquée comme médicament sur une

Geyser : souce d'eau chaude jaillissant de la terre.
Délectable : qui procure un plaisir intense.
Huile visqueuse : il s'agit de pétrole.

plaie, elle peut également guérir les hommes et les animaux de la **gale**, de l'**urticaire** et des **ulcères**.

Décidément, les trésors de Tauris m'émerveillaient et j'aurais aimé rester longtemps dans cette cité fascinante pour en découvrir tous les secrets. Mais il nous fallait bien vite reprendre notre chemin vers Cherman.

Nous pénétrâmes alors en Perse. Cette immense région était divisée en huit royaumes, tous sous le contrôle du Grand Khan. Bien que les Tartares aient tenté d'assurer la sécurité des routes à travers tout leur empire, cette zone restait très dangereuse et les voyageurs subissaient régulièrement de violentes attaques. Afin de minimiser le plus possible les risques d'agression, nous décidâmes de nous joindre à une caravane constituée de nombreux marchands bien armés et protégés par une forte escorte.

L'une de nos étapes fut la ville de Sava où, selon la légende, les **Rois Mages** étaient enterrés. Brûlant d'en apprendre un peu plus sur la vie de Gaspard, Melchior et Balthazar, j'entrepris de questionner les habitants. Au hasard de mes rencontres, je trouvai finalement une vieille femme qui me dit se souvenir de l'histoire que lui racontait sa grand-mère :

– Il y a très longtemps trois rois de ce pays allèrent adorer un prophète qui était né au pays des

Gale : maladie de peau causant de vives démangeaisons.
Urticaire : affection de la peau provoquant des plaques et des démangeaisons.
Ulcère : plaie qui ne réussit pas à cicatriser.
Rois Mages : riches personnages venus d'Orient, guidés par une étoile, pour visiter Jésus à sa naissance.

Juifs. Pour connaître sa vraie nature, ils lui apportèrent trois offrandes. Selon eux, son choix se porterait sur l'or s'il était un roi terrestre, sur l'**encens** s'il était un dieu et sur la **myrrhe** s'il était un médecin. Mais, lorsqu'ils lui présentèrent leurs cadeaux, l'enfant se saisit des trois en même temps !

Ce récit m'enchanta et je me remis en selle pour la suite de notre voyage avec le sentiment de fouler une terre sacrée.

À notre grand soulagement, nous arrivâmes à Cherman sans encombre. Mon père savait qu'il pourrait y trouver des produits de grande valeur. Il acheta d'abord quelques lots de magnifiques pierres bleues appelées turquoises. Puis il fit l'acquisition de plusieurs parures de lit extraordinairement ouvragées selon l'art de cette province : chaque pièce de tissu en soie et or était finement brodée de fleurs, d'arbres et d'oiseaux. Satisfaits de ces beaux achats qui ne manqueraient pas de nous rapporter gros, nous reprîmes la route vers le sud, en direction de la mer.

Nous traversâmes de hautes montagnes avant d'arriver dans la plaine fertile qui borde la côte perse. Tout autour de moi s'étendaient des champs d'**orge** et de **froment**. L'air sentait bon les

Encens : résine produite par divers arbres d'Orient qui libère son parfum en brûlant.

Myrrhe : résine provenant de certains arbres d'Afrique et d'Asie utilisée en pharmacie et en parfumerie.

Orge : céréale utilisée notamment pour le bétail ou pour la fabrication de la bière.

Froment : la meilleure espèce de blé cultivé.

citronniers et j'observais avec amusement des volées d'oiseaux venus se rassasier de dattes, de pistaches ou de grenades. J'étais plongé dans ma contemplation quand un terrible brouhaha me fit tourner la tête vers l'arrière de notre petite caravane. Dans un nuage de poussière, une troupe de cavaliers fonçait sur nous !

– Fuis, Marco ! Nous sommes attaqués ! Fuis le plus loin possible ! me cria mon père.

En un éclair, je lançai mon cheval au triple galop, mais un des bandits se mit à ma poursuite. Il fut bientôt à mes côtés, essayant d'attraper la bride de mon cheval. Je saisis

alors la **dague** accrochée à ma ceinture et poignardai l'homme de toutes mes forces. Le choc le fit tomber de cheval et je réussis à me sauver.

Dague : épée à lame courte.

Réfugié dans le village fortifié le plus proche, je devais maintenant attendre des nouvelles de mon père et de l'oncle Mafeo.

– Qui sont ces hors-la-loi ? demandai-je aux villageois avec inquiétude.

– On les appelle « Caraunas », me répondit le chef du village, mais personne ne sait d'où ils viennent. Ce sont des magiciens capables de faire venir la nuit en plein jour.

Puis ils profitent de l'obscurité pour attaquer nos cités. Ce sont des hommes cruels car ils tuent sans pitié les vieillards et enlèvent femmes et enfants pour les vendre comme esclaves.

Alors que mon angoisse redoublait avec ces terribles informations, quelle ne fut pas ma joie de voir apparaître mon père et Mafeo. Ils étaient vivants ! Par miracle, eux aussi avaient réussi à s'enfuir. Malheureusement, beaucoup de nos compagnons de route n'avaient pas eu cette chance : certains étaient morts pendant le combat, d'autres avaient été faits prisonniers. Et, bien sûr, nous avions perdu toutes nos marchandises.

Tristes et abattus, mais pressés de quitter les terribles dangers de la route pour finir notre voyage par la mer, nous continuâmes notre périple vers Curmos.

Curmos était un grand port : épices, pierres précieuses, perles, soie, tissus de toutes les couleurs, ivoire et maintes autres marchandises venues d'Inde y étaient négociés. Notre objectif était d'y trouver rapidement un bateau en partance pour l'Orient.

Autant pour fuir la chaleur écrasante du pays que pour essayer d'obtenir des renseignements, nous nous installâmes à la terrasse ombragée d'une petite taverne. Le patron nous apporta le menu local : du poisson salé accompagné d'oignons, des dattes et un pichet de vin de dattes épicé.

– Connaîtriez-vous un capitaine prêt à embarquer trois marchands vénitiens ? le questionna mon père.

– P'têt ben, bougonna le tavernier. Mais ignorez-vous que la mer est mauvaise en cette saison et que de grandes tempêtes sont annoncées pour les jours à venir ?

Écoutant notre conversation, deux marchands génois installés à la table voisine intervinrent à leur tour.

– Sachez aussi que les nefs de Curmos sont de bien mauvaises embarcations, avertit le premier. Au lieu d'être assemblées avec des clous en fer, leurs planches sont cousues avec de la filasse de noix de coco. Elles sont vraiment trop fragiles.

– De plus, prévint l'autre, certains voyageurs parlent d'une guerre faisant rage dans les ports de la mer de **Cin**.

Nous discutâmes longtemps de ces informations… pesant le pour et le contre entre les voies terrestre et maritime. Finalement, mon père et Mafeo optèrent pour la route. Il nous fallait donc revenir sur nos pas jusqu'à Cherman, puis poursuivre par le désert.

Cin : ce nom utilisé par les Occidentaux est à l'origine du mot Chine.

L'EMPIRE MONGOL connaît son extension maximale à la fin du XIIIe siècle. Englobant pratiquement toute l'Asie, il est divisé en quatre khanats : le Grand Khanat, qui comprend la Mongolie et la Chine, le Khanat de Djaghataï, en Asie centrale, l'Ilkhanat en Iran et la Horde d'Or, en Russie.

Gengis Khan

Tente mongole, appelée «yourte»

Course de chevaux en Mongolie

Cavaliers mongols dans la steppe

La civilisation du cheval
Les Mongols sont des **cavaliers** hors pair. Très endurants, ils peuvent chevaucher plusieurs jours sans descendre de leur monture : ils dorment à cheval et se nourrissent de viande séchée, de fromage dur et, parfois, du sang de leur monture qu'ils boivent à même la veine jugulaire.

Un peuple nomade
Les Mongols (jadis appelés Tartares) déplacent leurs campements selon les saisons. Ils vivent de la viande et du lait que leur procure leur bétail, et de gibier.

“Je pouvais voir le long de la route les campements des Tartares du Levant.”

Chasse au faucon

Guerriers mongols

De féroces guerriers
Armés d’arcs et de flèches, de sabres et de lances, les Mongols sont des soldats sans pitié qui n’hésitent pas à employer la ruse.

Gengis Khan
Lorsqu’il naît, en 1155, les **steppes** de Mongolie sont occupées par différentes tribus nomades en conflit. Guerrier courageux, fin stratège et habile diplomate, il réussit à unifier ces tribus qui le proclament empereur en 1206. Il se lance ensuite dans une série de conquêtes sauvages et destructrices. À sa mort, en 1227, ses fils reprennent les rênes de l’Empire.

De déserts en montagnes

À Cherman, mon père et Mafeo m'annoncèrent qu'ils allaient échanger nos chevaux contre des ânes.

– Un âne ! Vous voulez que je chevauche un âne, m'exclamai-je.

– Absolument, Marco ! coupa Mafeo d'un ton sec. Les ânes résistent beaucoup mieux que les chevaux à la sécheresse.

– Nous allons également acheter quelques chameaux, ajouta mon père. Ils porteront nos marchandises, l'eau et les **victuailles**. D'ailleurs, dépêche-toi d'aller au **bazar** et rapporte-nous du pain, des fruits secs, de la viande salée et du fromage dur.

Victuailles : nourriture.
Bazar : marché public en Orient.

Ces préparatifs faits, nous nous joignîmes à une petite caravane afin de ne pas traverser seuls la vaste région désolée qui nous séparait du nord de la Perse. Après trois jours de marche malaisée, nous pénétrâmes dans une contrée désertique où nulle végétation ne réussissait à pousser et où aucun animal sauvage ne pouvait survivre. Les trous d'eau que nous trouvions sur notre trajet contenaient un liquide si malsain et si amer qu'une seule gorgée provoquait de terribles maux de ventre. Seules quelques rares **oasis**, parfois de simples puits, recelaient de l'eau potable. Nous devions marcher des jours entiers, sous un soleil de plomb, avant d'atteindre l'un de ces havres de paix où les hommes, comme les bêtes, pouvaient se désaltérer, se rafraîchir et se reposer avant de reprendre la route jusqu'au prochain point d'eau.

Bien que difficile, notre expédition à travers les déserts de Perse fut pour moi très instructive. Dans la caravane, les discussions allaient bon train pour tromper l'ennui de notre lente progression quotidienne. J'appréciais la compagnie des autres marchands et je discutais volontiers avec notre guide persan dont je comprenais de mieux en mieux la langue. Un après-midi que nous chevauchions côte à côte, ce dernier me raconta l'histoire du Vieux de la Montagne et de ses **Assassins** :

– À l'ouest de notre route vivait un prince d'une méchanceté inouïe appelé le Vieux de la Montagne. Il possédait une petite armée de jeunes hommes entièrement soumis à sa volonté et prêts à mourir pour lui. Ses combattants, appelés Assassins, tuaient tous les seigneurs qui déplaisaient à leur maître. Ils n'avaient peur de rien et ils étaient si courageux, si habiles qu'aucun homme n'échappait à la mort lorsque le Vieux de la Montagne en

Oasis : dans le désert, lieu pourvu d'eau et de végétation.
Assassins : le nom donné aux membres de cette secte vient de « haschich » car ils avaient l'habitude de consommer cette drogue.

décidait ainsi. Après des années de terreur, ces hors-la-loi furent éliminés par le Sire des Tartares Hulagu qui assiégea leur forteresse d'Alamut pendant trois ans avant de remporter la victoire.

Cette histoire me fit froid dans le dos, mais j'étais plutôt rassuré de savoir que les Tartares étaient capables de garantir la sécurité des hommes vivant dans leur empire.

Après des semaines passées dans le désert, nous arrivâmes aux confins de la Perse, près du fleuve Amu Darya. La terre y était fertile et généreuse, ce qui assurait la prospérité de nombreuses villes. La noble et grande cité de Balkh m'impressionna particulièrement. Comme je m'étonnais de trouver en ce lieu maintes ruines de beaux palais et de maisons en marbre, mon père et Mafeo m'expliquèrent que Balkh avait été jadis la capitale d'un puissant royaume :

– Balkh, autrefois appelée Bactres, était dans l'Antiquité la plus grande et la plus belle ville de la Bactriane, la région prospère allant des montagnes de l'Indu Kush au sud à l'Amu Darya au nord, commença mon père. Il y a plus de mille cinq cents ans, elle fut soumise par **Alexandre le Grand**, le fameux conquérant macédonien, qui y introduisit la culture grecque.

Alexandre le Grand : roi de Macédoine ayant conquis au IVe siècle av. J.-C. un immense empire comprenant la Grèce, l'Égypte et la Perse.

– C'est ici qu'Alexandre épousa Roxane, continua Mafeo. On raconte aussi que naguère certains chevaux de la province descendaient directement de Bucéphale, le fidèle **destrier** d'Alexandre, et portaient comme lui une corne et une étoile sur le front. Je ne sais si cette histoire est vraie, mais elle montre à quel point Alexandre le Grand a marqué ce pays.

Le souvenir du Grand Alexandre, maître de la Bactriane, me hanta longtemps après notre départ et je me surpris plusieurs fois à m'imaginer dans la peau de ce héros antique.

Notre progression vers l'est se poursuivit à travers une vallée si dangereuse que tous ses habitants l'avaient désertée. Cachés dans les montagnes, ils essayaient de se protéger des voleurs, des meurtriers, mais aussi des soldats, qui dévastaient régulièrement leurs terres. Nous réussîmes à passer cet endroit sans dommage puis nous continuâmes notre chemin vers la grande province du Badascian. Dans cette contrée s'élevaient des montagnes si hautes qu'aucun homme ne pouvait les gravir en une journée. Les puissantes rivières qui dévalaient leurs pentes abruptes regorgeaient de truites et d'autres poissons à la chair délicate. Je fus époustouflé par la splendeur de ces paysages et plus encore par ce que recelaient leurs immenses éperons rocheux : des **rubis** en quantité, des **saphirs** et des **lapis-lazuli**.

Destrier : cheval de bataille.
Rubis : pierre précieuse de couleur rouge.
Saphir : pierre précieuse de couleur bleue.
Lapis Lazuli : pierre fine d'un bleu très vif.

Mon enchantement fut malheureusement de courte durée, car je tombai malade au point de ne pouvoir poursuivre ma route. Très inquiet, mon père demanda à un guérisseur de la région de venir m'examiner.

– Le mal dont souffre votre fils est bien mystérieux, et je ne connais aucune plante capable de le soigner, lui avoua le vieil homme. Toutefois, je pense qu'il lui serait très bénéfique d'aller respirer l'air pur et vivifiant des sommets de nos montagnes.

Convalescence : état transitoire entre la fin d'une maladie et la guérison complète.

Nous suivîmes ce conseil et, soit que ce traitement fût efficace, soit que j'eusse beaucoup de chance, mon état commença lentement à s'améliorer. Ma **convalescence** dura toute une année puis nous pûmes reprendre notre voyage.

Nous nous engageâmes alors plus avant, au cœur de ce gigantesque massif montagneux et, après avoir passé la petite province du Vocan, nous nous trouvâmes face au Pamir. Devant mes yeux se dressaient les montagnes les plus hautes du monde, couronnées de glaciers et de neiges éternelles. Leur franchissement s'annonçait plus que difficile. En effet, plus nous prenions de l'altitude, plus le froid devenait intense. Les températures étaient si basses, la nature si pauvre qu'aucun animal ne vivait là, pas même un oiseau. Je constatais aussi que le feu avait du mal à prendre et qu'il était incapable de bien cuire les viandes. Nous affrontâmes le froid extrême, les éboulements de

rochers, les chemins de pierre cahoteux et glissants, les précipices vertigineux, puis nous amorçâmes notre descente qui dura encore quarante jours.

Au pied du Pamir se trouvait un riche royaume appelé Cascar. Comparées aux terribles montagnes que nous venions de franchir, ces terres, plantées d'arbres fruitiers, de vignes et de coton, m'apparurent comme un véritable paradis. Mon père me précisa que Cascar était aussi un carrefour commercial de première importance :

– Nous sommes ici à mi-chemin entre l'Orient et l'Occident. Sache, Marco, que l'on peut également gagner le royaume de Koubilaï Khan en passant par les villes de Boukhara et de Samarcande. Cet itinéraire, au nord du nôtre, est très fréquenté par les caravanes marchandes et aboutit aussi à Cascar.

Les semaines suivantes, nous avançâmes le long d'un immense désert de sable, le Takla-Makan, en faisant de multiples haltes dans les villes et villages qui le bordaient. Nous cheminâmes, au rythme lent des chameaux, jusqu'à la ville de Lop, la dernière oasis avant un vaste désert de dunes continuellement balayé par un vent violent. Bien que je fusse maintenant habitué aux voyages pénibles, à entendre mes compagnons, le franchissement de cette zone allait être un exercice particulièrement périlleux.

– Dans ce désert habitent des esprits maléfiques qui

produisent de surprenantes illusions visant à faire périr les voyageurs, avertit un marchand grec. Si un homme reste en arrière et se trouve séparé de la caravane, aussitôt il entend des voix qui l'attirent dans une mauvaise direction.

– L'homme peut aussi être trompé par des visions qui n'existent pas, poursuivit un **missionnaire** franciscain. Complètement égaré après avoir essayé de suivre ces **mirages**, il ne peut survivre seul dans le désert et court à une mort certaine.

– Afin d'éviter ces périls, conclut notre guide, je vous demande de marcher bien serrés pour ne jamais vous perdre de vue. Je vous conseille également de pendre des clochettes autour du cou de vos montures pour que le bruit vous tienne éveillés et attentifs à la route.

Missionnaire : religieux envoyé en mission pour propager la foi.
Mirage : illusion optique fréquente dans le désert.

La traversée du désert de Lop dura un mois. Ce fut notre dernière grande épreuve avant d'arriver sur les terres de Koubilaï Khan.

« La route de la Soie »

est le nom donné aux anciens itinéraires reliant la Chine à l'Occident. Ces voies de communication permirent le transport de marchandises mais aussi les échanges d'idées.

Tissu de soie

Les caravanes

Pour plus de sécurité, les voyageurs se regroupent en caravanes. Des chevaux, des ânes ou des **chameaux** sont utilisés pour transporter les hommes et les marchandises.

La famille Polo voyageant avec des chameaux

Les périls de la route

Qu'ils soient terrestres ou maritimes, les trajets entre l'Occident et l'Extrême-Orient sont longs et dangereux. Les voyageurs doivent affronter toutes sortes de climats et d'intempéries : aridité des déserts, gel et neige dans les montagnes, orages, tempêtes, etc. Ils doivent survivre aux accidents et aux maladies. Enfin, ils doivent éviter les régions en guerre et échapper aux bandits et aux pirates. L'Empire mongol, pacifié et sévèrement contrôlé, est un territoire relativement sûr.

La soie

Les Chinois inventent la soie au moins 2 000 ans av. J.-C. et gardent pendant plusieurs siècles le secret de sa fabrication. Celui-ci n'est connu en Europe qu'à partir du XIIe siècle. Riches étoffes brodées d'or et d'argent ou voiles transparents aux couleurs chatoyantes, les soieries incarnent le luxe.

“Nous cheminâmes au rythme lent des chameaux.”

Caravanier sur un chameau

Montagne du Pamir

Désert du Takla-Makan

Caravansérail (halte pour les caravanes)

Les haltes
De nombreuses cités permettent aux caravanes de se ravitailler. Certaines sont de petites oasis, d'autres sont de grands carrefours commerciaux comme Boukhara, Samarcande, Kashgar et Dunhuang.

À la rencontre de Koubilaï Khan

À la sortie du désert de Lop se trouvait la province du Tangut, qui appartenait au Grand Khan. Les habitants de la région avaient une religion à eux, qui n'était ni chrétienne ni sarrasine. Je vis les temples de ces « **idolâtres** » pour la première fois de ma vie à Saciu, une cité animée où les caravanes faisaient halte. Les temples et les monastères étaient fort nombreux, mais, plus étonnant encore, beaucoup étaient creusés à l'intérieur des falaises qui entouraient la ville. Ils étaient comme suspendus entre ciel et terre. Les « idolâtres » accédaient à ces grottes fort joliment décorées grâce à des escaliers étroits, taillés dans la roche.

Idolâtres : peuples qui adorent des idoles, c'est-à-dire des statues de divinités. Ici, le mot « idolâtres » désigne les bouddhistes.

Nous étions dans ce pays depuis seulement quelques jours quand j'assistai à une scène étonnante. Sur le bord de la route brûlait un bûcher au milieu duquel se trouvait un corps.

– Que font-ils, père, pourquoi brûlent-ils cette personne ?

– Ce sont des funérailles ! Ici, lorsque quelqu'un meurt, il n'est pas mis en terre mais livré aux flammes.

Autour du bûcher, la famille s'activait et jetait dans le feu toutes sortes de choses : des tissus de soie, des vêtements, des objets en argent et des images.

– Tu vois, Marco, ces gens ont d'autres croyances que les nôtres, reprit mon père. Ils pensent que, s'ils jettent dans le feu l'image d'un cheval, alors le défunt possédera un cheval dans l'au-delà. Ils brûlent donc le plus de choses possible, pour que leur parent ne manque de rien dans l'Autre Monde.

Connu dans le monde entier pour sa délicieuse **rhubarbe**, le Tangut était une région paisible. Nous parcourûmes donc sans incidents la route qui nous conduisit jusqu'à Campçio, la capitale de la province. C'est là que nous devions attendre l'ordre de Koubilaï Khan nous autorisant à venir le voir. En marchands **consciencieux**, mon père et Mafeo se consacrèrent à leurs affaires et profitèrent de cet arrêt obligatoire pour vendre et acheter toutes sortes de produits. De mon côté, je préférais découvrir les coutumes des gens de ce pays.

Rhubarbe : plante à larges feuilles dont les racines sont employées en pharmacie. Ses branches servent à fabriquer confitures et compotes.
Conscienceux : sérieux et appliqué.

À Campçio, plusieurs religions cohabitaient. Il y avait des chrétiens, des adorateurs de Mahomet et surtout des « idolâtres ». Bien que je fusse convaincu de la supériorité de la foi chrétienne sur toute autre croyance, je voulus, par curiosité, mieux connaître la religion de ces derniers.

Un jour, je décidai donc de me rendre dans l'un de leurs temples. Dès l'entrée, je fus ébloui par la richesse du lieu, admirablement sculpté et orné de fresques très colorées représentant toutes sortes de créatures. Les statues de leurs idoles, entièrement recouvertes d'or, scintillaient à la lumière des bougies. Les fidèles se prosternaient devant ces divinités, leur offraient de la nourriture, récitaient des formules sacrées et faisaient brûler de l'encens. Voyant que j'étais étranger, un prêtre au crâne rasé et vêtu d'un drap jaune s'approcha de moi :

– Sais-tu qui est mon dieu ?

– Non, je ne sais rien de lui.

– Il s'appelle **Sagamoni Burcan**. Il a vécu en Inde il y a bien longtemps. Durant sa vie terrestre, il a été un homme si plein de sagesse que nous le vénérons encore aujourd'hui comme un saint. Sagamoni Burcan était un prince. Son père, qui le chérissait plus que tout, voulait qu'il ne connaisse ni la tristesse ni la souffrance. Il le comblait de mille plaisirs et l'empêchait de sortir du palais pour le protéger de la dureté du monde extérieur. Pourtant, un jour, Sagamoni Burcan sortit de sa prison dorée et se promena parmi son peuple. Il vit ce qu'étaient la mort, la vieillesse et la maladie. Sa peine fut si grande qu'il décida de renoncer au luxe de son ancienne vie et de consacrer son existence à chercher comment vaincre la douleur et la mort. Il découvrit comment libérer les hommes de ces épreuves, puis il parcourut le nord de l'Inde pour enseigner ses idées.

Sagamoni Burcan : nom mongo donné au Bouddha.

Cette première visite au temple des « idolâtres » m'émerveilla tant que je me promis de vite revenir en ces lieux...

Nous étions à Campçio depuis un an quand mon père et Mafeo reçurent l'autorisation de se rendre au palais de Koubilaï Khan. Escortés par des agents impériaux, chargés de faciliter la fin de notre voyage, nous entrâmes enfin au **Catai**, puis nous nous dirigeâmes vers Ciandu, où se trouvait la résidence d'été du Grand Khan.

Nous touchâmes au but de notre long périple par un bel après-midi de l'été 1275. À peine avions-nous mis pied à terre dans la cour du palais que plusieurs conseillers de Koubilaï Khan vinrent nous saluer et nous entraînèrent à la rencontre de leur seigneur. Nous les suivîmes, stupéfaits par la **magnificence** du lieu.

Tout en marbre et autres belles pierres, ce vaste édifice comprenait un grand nombre de salles, chambres et corridors entièrement dorés et décorés de superbes peintures qui représentaient des animaux, des oiseaux, des arbres et des fleurs. Au détour d'un couloir, nous débouchâmes sur une terrasse qui surplombait un grand parc. Devant mes yeux s'étalaient des prairies arrosées de cours d'eau, des **bosquets** et des fontaines. Tout à coup, un cavalier apparut, galopant à toute allure, un léopard monté sur la croupe de son cheval. C'était Koubilaï Khan qui, pour son bon plaisir, chassait les cerfs, les biches, les chevreuils et les daims qui peuplaient cette nature soigneusement entretenue.

Catai : Chine du Nord.
Magnificence : caractère magnifique de quelque chose.
Bosquet : groupe d'arbres ou de buissons.

Les conseillers nous invitèrent à descendre dans le parc. Nous passâmes devant les volières qui abritaient les faucons et les **gerfauts** apprivoisés, dont le Grand Khan se servait pour la chasse. Puis nos guides nous conduisirent jusqu'à un somptueux pavillon de bambou, entièrement doré et verni. Le plafond était soutenu par de grands dragons dorés dont la queue s'enroulait autour des piliers. Les murs étaient ornés d'éclatantes peintures représentant divers animaux. Le Grand Khan ne tarda pas à nous rejoindre, accompagné de sa cour. À sa vue, nous nous agenouillâmes, les yeux humblement baissés.

Gerfaut : rapace cousin du faucon.

– Relevez-vous, chers amis vénitiens ! Soyez les bienvenus au Catai !

– Sire, lui dit mon père, nous sommes heureux de vous revoir et de vous trouver en si bonne forme.

– Dites-moi, avez-vous fait bon voyage ?

– Le principal est que nous soyons arrivés, répondit Mafeo, mais le voyage a été fort long. Il a duré trois ans et demi. Nous avons échappé de justesse à maints périls, et nous avons connu quelques ennuis de santé.

– Tant de courage vous honore, mes amis. Mais m'avez-vous amené ce que je vous avais demandé ?

– Nous avons vu le pape Grégoire qui nous a remis à votre intention les lettres et les présents que voici, annonça mon père en déposant aux pieds de Koubilaï Khan plusieurs coffres scellés. Nous avons aussi rapporté

un flacon d'huile sainte de la lampe du Saint-Sépulcre.

– Tout cela est fort bien, mais où sont les cent savants qui doivent m'exposer les qualités de la religion chrétienne ?

– Sur ce point, nous avons eu quelques soucis et, malheureusement, aucun représentant officiel de la foi chrétienne ne nous accompagne, avoua Mafeo mal à l'aise.

Le Grand Khan garda le silence pendant un moment qui nous sembla interminable, puis, pour ne pas assombrir de si chaleureuses retrouvailles, il changea de sujet.

– Qui est ce jeune garçon derrière vous ?

– C'est mon fils Marco, Sire, déclara mon père avec

fierté. Il est venu au Catai avec nous, pour vous servir.

– J'ai toujours grand besoin d'hommes courageux et sages. Marco, je t'invite dès aujourd'hui à faire partie de ma cour. Si tu m'es fidèle et dévoué, je te couvrirai de richesses et d'honneurs.

– Sire, soyez remercié pour votre grande bonté. Je ferai tout pour vous satisfaire, assurai-je plein de reconnaissance.

Ce premier entretien terminé, Koubilaï Khan nous suggéra de prendre quelque repos et nous convia le soir même à une grande fête donnée à notre intention. Pour moi, une nouvelle vie commençait !

La tolérance religieuse est l'un des grands principes de l'Empire mongol. À l'origine, les Mongols avaient leurs propres croyances et adoraient Tengri, le Ciel. Par la suite, ils ont découvert d'autres religions et, peu à peu, ils se sont convertis soit au bouddhisme, soit à l'islam.

Le bouddhisme tibétain

Les Mongols de Chine sont particulièrement favorables au bouddhisme tibétain. De nombreux moines tibétains, les lamas, entourent le Grand Khan et occupent des fonctions officielles à la cour. Au milieu du XIIIe siècle, le lama 'Phags-pa est chargé par Koubilaï d'inventer une nouvelle écriture mongole inspirée de l'alphabet tibétain.

Bodhisattva :* *être qui a fait le vœu d'aider ceux qui souffrent dans la religion bouddhique

Grottes de Mogao

Les grottes de Mogao

Situées dans la région de Dunhuang, les grottes de Mogao sont un haut lieu du bouddhisme depuis le IVe siècle. Elles renferment des milliers de sculptures et des kilomètres de fresques dédiées au Bouddha.

Les chrétiens
À la cour de Koubilaï Khan, le nestorianisme est une secte chrétienne influente. En effet, plusieurs ministres et de nombreuses princesses sont issus de peuples nestoriens comme les Ouïgour et les Kereyit. L'Empire mongol est également parcouru par des missionnaires de l'Église catholique. En 1307, l'un d'eux, Jean de Montecorvino, devient le premier archevêque de Pékin.

Marco Polo et deux frères chrétiens

Le Bouddha (à droite) accompagné d'Avalokitesvara (bodhisattva)

“Les habitants de la région avaient une religion à eux, qui n'était ni chrétienne ni sarrasine.”

Mosquée de Pailou en Chine

L'islam
Les Mongols entretiennent d'excellents rapports avec les musulmans d'Asie centrale et les marchands arabes qui fréquentent les ports de Chine. Des savants musulmans, mathématiciens, géographes et astronomes, travaillent au service du Grand Khan. À l'ouest de l'Empire, les Mongols de la Horde d'Or et les Ilkhanides se convertissent à l'islam aux XIIIe et XIVe siècles.

À la cour du Grand Khan

Nous nous installâmes au palais, dans de luxueux appartements mis à notre disposition, puis, le soir venu, nous nous rendîmes au banquet organisé en notre honneur. Alors que j'allais pénétrer dans la salle de réception, un garde vint vers moi :

– Attention, noble étranger ! Ne heurte pas le seuil de la porte en entrant car, selon nos croyances, cela porte malheur.

Me pliant bien volontiers à cette coutume, je fis donc un grand pas. À peine entré, un jeune seigneur tartare s'approcha de moi et m'expliqua qu'il était chargé de me placer et de veiller à ce que je ne manque de rien. Il me conduisit à une table d'où je pouvais observer l'ensemble de la salle.

En face de moi, sur une estrade, trônait Koubilaï Khan. C'était un homme corpulent, de taille moyenne, âgé d'une soixantaine d'années. Son visage, plutôt rond, était fendu de deux yeux en amande d'un noir étincelant. Il portait une fine moustache et un collier de barbe. À sa gauche, un peu en contrebas, se trouvait une assemblée de femmes.

– Qui sont ces dames ? demandai-je à mon dévoué accompagnateur.

– Au plus près du trône sont assises les quatre épouses légitimes, les impératrices. Puis viennent les épouses de ses fils, petits-fils, neveux et autres seigneurs de la Cour.

– Quatre impératrices ! Vivent-elles ensemble avec leur époux ?

– Non, chacune possède son propre palais et entretient des courtisans, une foule de domestiques, des **eunuques** et plusieurs centaines de demoiselles de compagnie.

Le jeune homme s'arrêta alors quelques instants, puis reprit d'un air malicieux :

– Koubilaï Khan partage également son lit avec de nombreuses **concubines**. Elles viennent toutes de la même tribu tartare, les Onggirat, réputée pour la grande beauté de ses femmes. Elles sont soigneusement sélectionnées, amenées à la Cour et confiées à de vieilles femmes qui les examinent pour vérifier si elles n'ont pas de défauts. Ces **matrones** vont même jusqu'à dormir avec elles pour s'assurer qu'elles ne ronflent pas, ni ne sentent mauvais. Si tout se passe bien, ces séduisantes demoiselles sont alors autorisées à approcher l'empereur. Par groupes de six, elles se relaient auprès de lui tous les trois jours pour le servir et combler ses désirs.

Eunuque : homme castré chargé de la garde des femmes dans les harems.
Concubine : maîtresse officielle.
Matrone : femme d'âge mûr et d'allure respectable.

– Avec autant de femmes, le Grand Khan doit avoir beaucoup d'enfants ?

– De ses épouses légitimes, il en a eu plus d'une vingtaine, dont un fils aîné destiné à lui succéder. Malheureusement, ce fils est mort et, aujourd'hui, l'héritier de l'empire est Temur, l'aîné de son fils décédé. Regarde, il est assis à la droite de son grand-père. De ce côté se tiennent également les autres fils et petits-fils de Koubilaï Khan, les membres de la famille impériale et les plus importants seigneurs tartares.

Soudain, une forte musique résonna, signalant aux convives que le Grand Khan allait boire. Tous les invités se mirent à genoux. Un valet apporta une coupe de vin ; il portait sur la bouche et le nez un tissu de soie pour ne pas souiller de son haleine la boisson de son maître. Koubilaï Khan se désaltéra et, aussitôt, la fête reprit son cours.

Des serviteurs déposèrent devant moi des bols en or contenant du lait de jument, du lait de chamelle, du vin et d'autres boissons épicées. Ils me présentèrent aussi divers plats de viande, tous dans une vaisselle d'or et d'argent finement ouvragée. Tout en savourant les mets délicieux qui m'étaient proposés, je continuais d'interroger le jeune seigneur chargé de guider mes premiers pas à la Cour :

– J'ai entendu dire que de nombreux étrangers vivent à

la cour du Grand Khan et que ce dernier aime s'entourer de conseillers venus des quatre coins de l'empire et d'ailleurs. Est-ce vrai ?

– Absolument. Koubilaï Khan accepte tous les hommes de valeur, qu'ils soient chrétiens, sarrasins, juifs ou adorateurs de Sagamoni Burcan. Il apprécie tout particulièrement les **bakchi**, des moines venus du Tibet et du Cachemire qui suivent l'enseignement de Sagamoni Burcan. Malgré leur apparence repoussante et leur saleté, ils exercent une profonde influence sur le Grand Khan car ils connaissent l'**astrologie** et pratiquent la magie. Ils sont, paraît-il, capables de faire cesser un orage par leurs **incantations** ou de soulever dans les airs des coupes remplies de vin sans les toucher.

Bakchi : lama tibétain.
Astrologie : étude des astres en vue de déterminer leur influence sur la vie des hommes.
Incantations : récitation de formules magiques.

À la fin du repas, des domestiques ôtèrent les tables pour laisser place aux réjouissances. Des joueurs de harpe, des bouffons, des comédiens, des diseurs de bonne aventure, des jongleurs, des acrobates et quantité d'artistes vinrent amuser notre joyeuse assemblée jusqu'à une heure tardive de la nuit.

Nous passâmes à Ciandu un séjour fort agréable, rythmé par de nombreuses réceptions et toutes sortes de divertissements. Comme chaque année, le Grand Khan et sa cour demeurèrent au palais d'été jusqu'à la fin du mois d'août, puis s'en retournèrent à **Cambaluc**, la capitale de l'empire. Koubilaï Khan nous ayant invités, nous le suivîmes dans ses quartiers d'hiver.

Le palais se trouvait au cœur d'une immense forteresse composée de quatre murs d'enceinte carrés, hérissés de tours. Douze mille hommes à cheval se relayaient nuit et jour pour en assurer la défense. Ils utilisaient les tours situées sur les murailles pour ranger leurs équipements : arcs, **carquois**, flèches, lances, masses, cuirasses, cordes, tentes, selles, étriers, brides, etc.

La résidence impériale était un bâtiment d'un seul étage, entouré d'une terrasse surélevée en marbre qui servait de promenade. Son toit, couvert de tuiles vernies jaunes, azur, **vermeilles**, vertes et bleues, scintillait au soleil. À l'intérieur, chaque pièce était couverte d'or et d'argent du sol au plafond. Les murs étaient ornés de fines **ciselures** et de peintures qui représentaient des lions, des dragons, des oiseaux, mais aussi des scènes de guerre ou des histoires de jolies dames et de chevaliers.

Derrière le palais officiel se dressaient de belles demeures où le Grand Khan accueillait ses concubines et entreposait ses biens les plus précieux : vaisselle d'or et d'argent, joyaux inestimables, perles et mille autres trésors. Entre le palais et les enceintes s'étendaient des jardins, des vergers et des prairies où circulaient librement

Cambaluc : Khanbalik, Pékin, Beijing en chinois.
Carquois : étui à flèches.
Vermeil : rouge vif.
Ciselures : sculptures minutieuses faites au ciseau, c'est-à-dire avec un outil doté d'une lame tranchante.

cerfs, chevreuils, daims, écureuils, **hermines** et bien d'autres animaux. Le Grand Khan avait également fait creuser un vaste lac rempli de poissons et aménager une colline extraordinaire appelée le « Mont-Vert » car elle était plantée d'arbres rares qui ne perdaient jamais leurs feuilles.

Vivre au milieu de ce décor de rêve était pour moi un enchantement. J'appréciais chaque jour un peu plus le luxe de la vie à la Cour. Le palais était régulièrement le cadre de festivités et mon père m'expliqua que certaines grandes célébrations avaient lieu tous les ans :

– Les Tartares organisent treize cérémonies officielles par an qui correspondent à treize couleurs différentes. À chacune de ces occasions, tous les seigneurs doivent s'habiller de façon identique. Ils possèdent donc tous treize tenues d'**apparat** de couleurs distinctes. Plus incroyable encore, c'est le Grand Khan qui leur offre gracieusement les treize robes de soie, brodées d'or, de perles et de pierreries ; plus une ceinture, une paire de bottes et un chapeau.

Hermine : petit mammifère au pelage blanc en hiver et roux en été.

Apparat : élément de faste donnant tout son éclat à une cérémonie.

La plus prestigieuse de ces treize cérémonies était la Fête blanche, qui marquait le début de l'année, au mois de février. Ce jour-là, Koubilaï Khan et tous ses sujets s'habillaient de vêtements blancs car, selon eux, le pouvoir bénéfique de cette couleur devait leur porter bonheur. Des représentants venus de toutes les provinces de

l'empire venaient se prosterner devant le Grand Khan et lui offraient des objets en argent, des perles, des pierres précieuses, des vêtements et toutes sortes de présents obligatoirement blancs. Cinq mille éléphants au moins et d'innombrables chameaux apportaient sur leur dos des coffres remplis de vaisselle et d'ornements de grande valeur. Ils étaient vêtus de **caparaçons** de soie blanche, richement brodés d'oiseaux et d'autres créatures en or. Koubilaï Khan recevait aussi en **tribut** plus de cent mille chevaux et chameaux blancs comme neige. Ces animaux immaculés étaient si

Caparaçon : harnachement de cérémonie.
Tribut : impôt qu'un État vaincu doit payer à un État vainqueur.

sacrés aux yeux des Tartares que tous les traitaient avec le plus grand respect et s'écartaient sur leur passage. Le lait des juments blanches était lui aussi considéré comme particulièrement précieux et seul le Grand Khan et ses descendants étaient autorisés à le boire !

Cette fabuleuse parade, regorgeant de richesses inouïes, durait plusieurs heures, puis la fête se poursuivait par un somptueux banquet.

<u>Koubilaï Khan</u>, le petit-fils de Gengis Khan, est proclamé Grand Khan des Mongols en 1260. Il quitte Karakorum, l'ancienne capitale de l'Empire mongol, et installe son gouvernement à Pékin, rebaptisée Khanbalik. En 1271, il se proclame empereur de Chine et fonde la dynastie des Yuan.

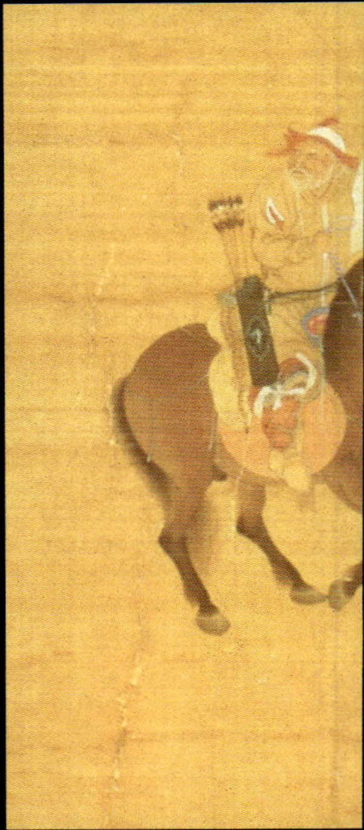

La société yuan
Elle est organisée en quatre classes : au sommet se trouvent les Mongols, « la race des seigneurs » qui jouit de tous les privilèges. Viennent ensuite les Semuren, c'est-à-dire les peuples ni mongols ni chinois (Tibétains, Ouïgour, Perses, etc.), puis les Hanren, représentés par certaines ethnies de la Chine du Nord. Tout en bas sont relégués les Chinois du Sud, les Song, qui sont sujets à de nombreux interdits et à des mesures vexatoires.

“Des représentants de toutes les provinces de l'empire venaient se prosterner devant le Grand Khan.”

Art yuan : dessin à l'encre

Statuette d'enfant yuan

Koubilaï Khan à la chasse

La chute des Yuan
Alors que les Mongols accaparent toutes les richesses, la population chinoise souffre. Révoltés par la corruption des fonctionnaires, par la discrimination raciale, par le poids des taxes, les paysans se soulèvent contre les Yuan à partir de 1350. Zhu Yuanzhang renverse les Yuan en 1368 et fonde la dynastie des Ming.

Le papier-monnaie
À l'époque des Yuan, chaque billet est fait d'une feuille de papier plus ou moins grande selon sa valeur monétaire. Son authenticité est assurée grâce au sceau du Grand Khan et aux signatures de plusieurs officiers d'État.

Le théâtre chinois
Composé de chants, de danses, de dialogues, d'acrobaties, de mimes et de musique, le théâtre chinois classique prend son essor à l'époque des Yuan. Il met en scène quatre types de rôles : les personnages masculins, les personnages féminins, les visages peints (guerriers, aventuriers, êtres surnaturels, etc.) et les bouffons. Chaque **acteur** porte un maquillage élaboré qui révèle le caractère de son personnage.

Acteur

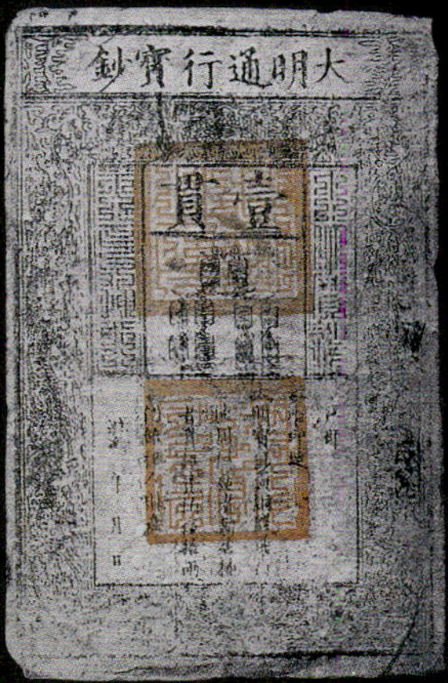

De la soie, du riz et de l'or

Quelques jours après la Fête blanche de l'an 1276, Koubilaï Khan me fit appeler et m'annonça son prochain départ :

– Comme tu le sais, Marco, je n'aime guère rester longtemps au même endroit. Peut-être est-ce dû au sang de nomade qui coule dans mes veines… J'ai coutume de passer les mois chauds de juin, juillet et août à Ciandu, puis de demeurer à Cambaluc pendant l'hiver, de septembre à février. Au printemps, de mars à mai, je pars à la chasse au bord de l'océan. Cette année, je souhaite que tu m'accompagnes.

– Je satisferai votre volonté avec un immense plaisir, Sire. Mon père connaît-il déjà votre projet ?

– Oui, mais il ne nous accompagnera pas. Mafeo et lui doivent rester à Cambaluc pour s'occuper de certaines de mes affaires. Maintenant, va et tiens-toi prêt à prendre la route dans moins d'une semaine.

Le jour du départ, je fus ébahi par notre cortège. Koubilaï Khan, qui souffrait de la **goutte**,

Goutte : douleur inflammatoire du gros orteil ou du genou.

était installé à dos d'éléphant, dans un confortable **palanquin** recouvert de peaux de tigre. Autour de lui, trois autres **pachydermes** transportaient ses proches conseillers. Venaient ensuite, à cheval, les seigneurs et les dames de la Cour, ainsi que dix mille fauconniers chargés de s'occuper des oiseaux de proie. Nous voyageâmes pendant deux jours avant d'arriver en bord de mer où un campement nous attendait.

De luxueuses tentes avaient été dressées en bon ordre pour accueillir confortablement le Grand Khan et son immense suite. La campagne alentour, constellée de lacs et de rivières, recelait du gibier à foison et toutes sortes d'oiseaux, notamment des grues, des cygnes et des hérons. Koubilaï Khan passait des heures à observer faucons et gerfauts traquer leurs proies, les capturer et les achever sous ses yeux.

Un soir d'avril, après une pleine journée de chasse, le Grand Khan me fit venir sous sa tente. Cette dernière était recouverte de peaux de tigre à l'extérieur et garnie de **zibeline** et d'hermine à l'intérieur. C'était la plus vaste du campement. Elle était composée de plusieurs **chapiteaux** reliés les uns aux autres, le tout formant trois grandes salles. Devant la porte, un garde me pria d'ôter mes chaussures et d'enfiler des pantoufles blanches afin de ne pas salir les tapis. Je m'exécu-

Palanquin : siège porté à dos d'éléphant ou de chameau.
Pachyderme : mammifère à peau très épaisse. Ici, éléphant.
Zibeline : petit mammifère très recherché pour sa fourrure dense et soyeuse.
Chapiteau : vaste tente.

tai, puis je reçus l'autorisation d'entrer et j'allai m'agenouiller devant l'empereur. Koubilaï Khan cracha dans un vase d'or et prit la parole :

– Redresse-toi, Marco, et écoute-moi attentivement ! Lors de nos conversations privées, j'ai pu apprécier ta vive intelligence, ta sagesse et ton dévouement. Aujourd'hui, j'ai besoin de toi pour une mission officielle. Je te charge d'aller jusqu'au Caragian et de me rapporter le plus de renseignements possible sur cette région aux confins de mon empire.

– Votre confiance m'honore, Sire. Quand dois-je partir ?

– Tu partiras dans trois jours. Mes ministres te remettront une tablette d'or gravée du **sceau** royal qui te servira de **sauf-conduit** ainsi qu'une somme d'argent pour couvrir tes dépenses. Tu recevras cette somme en monnaie de papier car, comme tu le sais, les billets qui portent mon sceau sont valables à travers tout l'empire et pèsent bien moins lourd que des pièces d'or ou d'argent.

Sceau : marque permettant d'authentifier un document.
Sauf-conduit : document légal autorisant la libre circulation sur un territoire.

C'est ainsi que, trois jours plus tard, je pris la route, escorté d'un officier tartare qui parlait certains dialectes des provinces du Sud.

De Cambaluc, nous suivîmes la route du Sud-Ouest qui traversait la province du Zhongshu. Autour de nous se déployait une campagne prospère, alternant jardins, vergers, bois, vignes, champs de **millet**, de **panic**, de blé et maintes plantations de mûrier. Remarquant mon intérêt pour ces dernières, mon compagnon me donna quantité de détails sur l'élevage du ver à soie :

Millet : céréale.
Panic : herbe autrefois utilisée pour fabriquer des bouillies.
Cocon : enveloppe fabriquée par certaines chenilles.
Filament : fil très fin.

– Le ver à soie s'alimente exclusivement de feuilles de mûrier. Ce sont les femmes et les jeunes filles qui s'occupent de le nourrir et de l'élever. Chaque ver mange, grossit puis s'enferme dans un **cocon**, composé d'un **filament** de bave, pour se transformer en papillon. Les femmes récupèrent les cocons prêts à éclore, les ébouillantent pour que les filaments se décollent et dévident ensemble plusieurs brins pour obtenir un fil de soie. Ce dernier peut ensuite être teint, puis tissé ou brodé.

Le travail de la soie faisait vivre beaucoup d'artisans et attirait de nombreux marchands dans la région. Chaque jour, nous traversions des villes et des villages débordant d'activité, qui organisaient de grandes foires où se négociaient draps de soie et autres produits locaux. Les routes étaient fréquentées par toutes sortes de voyageurs et, souvent, de lents chariots, chargés à ras bord de sacs, de ballots et de paniers, encombraient la chaussée. Le long des voies principales, d'innombrables auberges accueillaient des commerçants venus de tous les pays. Je m'attablais volontiers dans ces établissements chaleureux pour boire un verre de vin ou d'alcool de riz et manger de la viande

accompagnée de céréales, de *macaroni* ou d'autres plats de pâtes.

À la lisière de la province du Zhongshu coulait un fleuve immense nommé Caramoran. Il était si large qu'aucun pont ne l'enjambait, et il nous fallut traverser ses eaux bordées de bambous à bord d'un **bac**. Sur l'autre rive se trouvait la province du Shaanxi. Nous la parcourûmes sans nous attarder, puis nous arrivâmes aux portes du Sindufu, où commençait le **Mangi**. Arrosé par l'immense fleuve Quiansui et ses multiples **affluents**, le Sindufu était un véritable **pays de cocagne**, où poussaient en abondance riz,

Bac : embarcation à fond plat.
Mangi : Chine du Sud.
Affluent : cours d'eau qui se jette dans un autre.
Pays de cocagne : région fertile où l'on trouve de tout en abondance.

froment et autres céréales. Au cœur de cette région prospérait une cité très animée où se pressaient nombre de marchands. Elle était traversée par un fleuve majestueux, le Min, affluent du Quiansui, qui servait de voie commerciale à une foule d'embarcations. Voyant cela, je ne pus réprimer un cri d'admiration.

– Regarde ! dis-je à mon compagnon de voyage. As-tu déjà vu si intense trafic ? Il y a tant de nefs, toutes bondées de denrées. C'est à peine croyable !

Après un court séjour dans cette opulente cité, nous reprîmes notre périple en direction des contreforts du Tibet. Quelques années plus tôt, vers 1258, ces montagnes avaient été conquises par Mongka, le frère de Koubilaï Khan. Elles portaient toujours la marque de cette campagne militaire : pratiquement toutes les villes étaient ravagées et abandonnées. Un soir, alors que nous n'avions pas trouvé d'auberge et que nous nous apprêtions à passer la nuit dehors, une série de détonations retentit dans les ténèbres.

– Qu'est-ce donc ? criai-je, affolé.

– N'ayez crainte, messire Polo, me rassura mon compagnon tartare. Ce sont des bambous qui éclatent dans un feu. Les voyageurs contraints de dormir à la belle étoile éloignent les bêtes sauvages qui rôdent, les tigres et les ours par exemple, en faisant exploser des bambous.

Ce stratagème me parut excellent et je m'empressai de

faire, moi aussi, un grand feu de bambous pour assurer la sécurité de notre campement.

Le lendemain, nous reprîmes notre route. Nous chevauchâmes ainsi une vingtaine de jours sans apercevoir un seul village, puis quelques hameaux accrochés aux pentes abruptes des montagnes apparurent. Les habitants nous firent un accueil enthousiaste et quelque peu surprenant. Une vieille femme, suivie de plusieurs jeunes filles, nous aborda :

– Étrangers, faites-moi l'honneur d'accepter la compagnie de ces demoiselles. Elles sont désireuses de vous servir et resteront avec vous autant qu'il vous plaira.

– Que veut-elle ? demandai-je à mon guide. Dis à cette grand-mère que nous n'avons pas besoin de servantes.

– Vous vous trompez, messire. Elle ne veut pas que nous les engagions. Elle veut que nous devenions leurs amants. Dans ce pays, les pucelles n'ont aucune valeur. Pour trouver un époux, les filles à marier doivent même prouver qu'elles ont déjà partagé la couche de nombreux hommes.

Bien que cette étonnante coutume soit contraire aux bonnes mœurs, je ne voulus pas offenser nos hôtes et j'acceptai de choisir une amie pour la nuit. Le lendemain, je remontai à cheval un peu triste de laisser ma douce amante, mais mes regrets furent vite dissipés quand mon compagnon m'apprit que toute la région respectait cette tradition.

Nous parcourûmes ensuite la province de Gaindu et nous croisâmes à nouveau le cours du fleuve Quiansui. De l'autre côté commençait le Caragian, l'ultime province que je devais inspecter. Cette contrée possédait un trésor naturel inestimable, car le moindre de ses cours d'eau charriait de la poussière d'or et ses lacs recelaient quantité de pépites. À l'ouest du Caragian vivait même un peuple appelé « **dents**

Dents d'or : ce peuple est peut-être l'ancêtre des Dai, une ethnie du Yunnan.

d'or » parce que les hommes avaient l'habitude de recouvrir leurs dents avec de minces plaques d'or.

Après quelques semaines passées dans la province reculée du Caragian, nous amorçâmes notre retour vers Cambaluc en suivant le même itinéraire qu'à l'aller.

PAYS DE CONTRASTES, la Chine abrite à l'est des déserts, des steppes, des chaînes montagneuses inaccessibles, et possède à l'ouest de larges plaines fertiles arrosées par deux des plus grands fleuves du monde : le Yangtsé et le fleuve Jaune.

1

1. La rivière Li

2

2. Le fleuve Jaune

3

3. Rizières du Yunnan

Le fleuve Jaune
Il tire son nom du lœss (terre jaune extrêmement fertile) qu'il transporte. Baptisé Huang He par les Chinois, il a été le berceau de la civilisation chinoise.

Les rizières
Pliés en deux, les pieds dans la boue, les paysans cultivent le riz depuis 7 000 ans. Ce travail pénible se compose de plusieurs étapes : labourer et inonder les parcelles cultivables, repiquer les plants de riz germés en serres, moissonner et battre les épis.

Yangtsé, le fleuve Bleu
Appelé Chang Jiang (long fleuve) par les Chinois, le Yangtsé s'étire sur 5 800 km. C'est le quatrième fleuve du monde après le Nil, le Mississippi-Missouri et l'Amazone. Avec ses quelque 700 affluents et son débouché sur l'océan Pacifique, il offre à la Chine l'une de ses principales voies de communication.

“Autour de nous se déployait une campagne prospère, alternant jardins, vergers, bois, vignes, champs de blé…”

Le panda
Vivant uniquement dans les forêts du centre de la Chine, le panda se nourrit presque exclusivement de bambou. Cette espèce menacée est aujourd'hui protégée.

4

4. Panda *5. Pagan (Birmanie)*

5

La cité de Pagan
Située en Birmanie (Myanmar actuel), Pagan connaît son âge d'or du XIe au XIIIe siècle, puis tombe aux mains des Mongols. Capitale d'un royaume puissant, la cité compte des milliers d'édifices grandioses : palais, monastères, temples et stupas (monuments bouddhistes en forme de cloche).

Au pays des Song

– Laissez passer messire Polo, mon **émissaire** revenu du Mangi ce matin même ! ordonna Koubilaï Khan aux seigneurs massés dans la salle du trône. Je suis heureux de te revoir, Marco. Quelles nouvelles rapportes-tu du Caragian ?

Émissaire : personne envoyée pour accomplir une mission plus ou moins secrète.

– Vos fils gouvernent avec sagesse les sept royaumes du Caragian : ils font régner la paix et appliquent vos lois avec zèle. Parfois leur tâche est difficile car certains malfaiteurs condamnés à la torture préfèrent mourir en avalant du poison plutôt que de subir le fouet ! Heureusement, vos fils ont trouvé une astuce : si un brigand tente de prendre du poison, ils lui font manger de la crotte de chien pour le faire vomir.

– Voilà une idée originale et efficace ! Poursuis ton récit !

– Pendant que j'étais au Caragian, j'ai parlé à plusieurs officiers de votre armée qui m'ont raconté une grande bataille contre vos ennemis, les rois de Mien et de Bengala. Craignant que vous ne les envahissiez, ces derniers ont attaqué vos troupes à Uncian pour les détruire. Ils disposaient de deux mille éléphants qui portaient sur leur dos des habitacles en bois où se cachaient des archers. Derrière les éléphants venaient soixante mille cavaliers et

Fantassin : soldat à pied.

un nombre infini de **fantassins**. Pour contrer cette armée redoutable, vos officiers, qui disposaient de seulement douze mille cavaliers, imaginèrent un piège habile. Ils postèrent leurs troupes devant une forêt et, quand les éléphants chargèrent, ils se réfugièrent au milieu des bois. Les éléphants les suivirent et s'emmêlèrent dans les branchages. Affolés, ils se débattirent en poussant d'effrayants barrissements, démolirent les habitacles attachés sur leur dos et piétinèrent les soldats tombés à terre. Pendant ce temps, vos vaillants soldats criblèrent l'ennemi de flèches. Puis ils mirent la main à l'épée

ou à la masse et se lancèrent à l'assaut. Vos hommes taillèrent en pièces l'ennemi et remportèrent la bataille.

– Excellent, excellent ! Marco, je suis très satisfait de ton rapport. J'imagine que tu as encore beaucoup de choses à m'apprendre, mais nous verrons cela plus tard. Pour le moment, profite des plaisirs de Cambaluc.

Mon repos fut de courte durée, car le Grand Khan eut de nouveau besoin de moi au cours de l'année 1278.

Quinsai : actuellement Hangzhou.

– Marco, comme tu le sais, mes troupes ont pris **Quinsai**, la capitale des Song du Sud, en 1276. Depuis, la puissance des Song ne cesse de décliner et dans peu de temps je m'emparerai de tout leur territoire. Je contrôle déjà une grande partie du Mangi et j'ai besoin d'y envoyer des hommes fidèles, capables d'appliquer mes lois et de surveiller la levée des impôts. J'ai donc décidé de te nommer gouverneur de Yangiu, une ville située sur le **Grand Canal** à quelques kilomètres du fleuve Quiansui.

Grand Canal : creusée à partir de l'époque des Sui, au VIIe siècle, cette voie d'eau artificielle relie Pékin à Hangzhou. D'une longueur de 1 700 km, c'est le plus grand canal du monde.

– Je suis votre dévoué serviteur, Sire. Le temps de préparer mes malles et je pars rejoindre mon poste.

Quelques jours plus tard, je quittai Cambaluc en suivant la route sud-est, qui longeait le Grand Canal. Mon voyage vers Yangiu se déroula sans encombre et d'autant plus rapidement que j'utilisai les haltes destinées aux envoyés du Grand Khan. En effet, les Tartares avaient développé le long des grands axes routiers de leur empire un réseau de relais de chevaux. Les messagers et les ambassadeurs chargés d'une mission officielle y trouvaient le gîte et le couvert. Ils pouvaient également échanger leurs chevaux fatigués contre des montures fraîches. En cas d'urgence, les messagers parcouraient au grand galop la distance entre deux haltes. Lorsqu'ils approchaient du poste de relais, une trompe annonçait leur arrivée et des chevaux étaient tenus à leur disposition. Ils changeaient de coursiers et repartaient à vive allure, sans prendre le temps de se reposer. Ils pouvaient même, si nécessaire, chevaucher de nuit, précédés de coureurs tenant des torches pour éclairer la route.

Yangiu était une cité opulente qui vivait principalement du commerce. Elle tirait aussi profit des garnisons tartares qui stationnaient alentour et de nombreux artisans étaient spécialisés dans la fabrication d'armures.

Pendant mon séjour à Yangiu, j'eus à plusieurs reprises l'occasion de visiter Quinsai, l'ancienne capitale des Song. Pour m'y rendre, j'empruntais le Grand Canal et je voyageais quelques jours au fil de l'eau, croisant toutes sortes de navires chargés de soie, de sel, de riz, mais aussi de minerais de fer, de charbon, de bois, de **chanvre**, de sucre, de **gingembre**, de poivre et de bien d'autres marchandises.

Quinsai, la « Cité du Ciel », ressemblait à Venise. Bâtie dans l'**estuaire** du Qiantangjiang, entre l'océan et le lac de l'Ouest, elle était entourée d'eau. Parcourue de larges rues pavées de pierre ou de brique, la ville était également desservie par une multitude de canaux qu'enjambaient douze mille ponts de pierre ou de bois. Le long des voies principales se dressaient des palais entourés de jardins et de hautes maisons décorées avec goût. Chaque quartier possédait une **étuve** où les habitants avaient l'habitude de se baigner. À l'ouest se trouvait le lac, l'endroit le plus agréable de la ville. D'élégants palais appartenant à des seigneurs, de

Chanvre : plante cultivée pour ses fibres qui sont utilisées pour la confection de toiles et de cordage.

Gingembre : plante aromatique utilisée comme condiment et en médecine.

Estuaire : large embouchure d'un fleuve.

Étuve : ensemble de salles où l'on peut se laver et prendre des bains de vapeur.

majestueux temples construits par les « idolâtres » et maints parcs luxuriants occupaient ses rivages.

Un soir, alors que je me promenais au bord du lac à la recherche d'un peu de fraîcheur, je rencontrai un jeune garçon en train de nettoyer une barque à fond large, couverte d'un toit plat et ornée de dessins aux couleurs vives.

– Hé ! Gamin ! À quoi sert une telle embarcation ?

– À s'amuser, seigneur. Les gens d'ici adorent venir sur le lac après leur travail. Ils louent une barque et se baladent sur l'eau en galante compagnie. Parfois, ils font à bord de véritables festins arrosés des vins les plus fins.

– Peux-tu aussi me dire à qui appartiennent les palais construits sur les îles, au milieu du lac ?

– Ils sont au service des notables de la cité. Si vous êtes fortuné et que vous désirez organiser un banquet, pour une noce ou une fête, vous pouvez louer l'une de ces élégantes demeures. Tout le matériel nécessaire à la réception sera alors mis à votre disposition.

J'appréciais le charme du lac et j'admirais l'art de vivre si raffiné des habitants de Quinsai. Mais j'aimais plus encore l'effervescence qui régnait en ville les jours de marché. Quinsai possédait de nombreuses places, vastes, carrées, entourées de boutiques, d'ateliers et d'offices pour les astrologues et les médecins. Trois fois par semaine, des milliers de gens se rassemblaient sur ces places pour vendre et acheter toutes sortes de denrées. J'adorais me mêler à la foule et approcher les étals regorgeant de victuailles. On y trouvait perdrix, faisans, cailles, oies, canards, chevreuils, daims, cerfs, lièvres, lapins, fruits et légumes. Le parfum exquis des poires blanches se mêlait à celui des pêches… ou à l'odeur vivifiante des poissons venus tout droit de l'océan. Le bétail était abattu sur place et les bouchers débitaient à la demande veaux, bœufs, chevreaux, moutons. Ils vendaient même de la viande de cheval et de chien.

Un jour, alors que je discutais affaires avec un marchand d'épices, des coups sourds, martelés avec force, retentirent et couvrirent le brouhaha du marché.

– Que se passe-t-il ? demandai-je, inquiet.

– C'est le signal qu'un feu vient de se déclarer en ville, me répondit le vendeur. Mais ne paniquez pas ! Cela arrive souvent car de nombreuses maisons sont en bois. Notre cité est équipée pour lutter efficacement contre les incendies. Du haut de leurs tours, des guetteurs surveillent chaque quartier et, à la moindre fumée suspecte, ils donnent l'alerte. Aussitôt, des gardes se rendent sur place, éteignent le feu et sauvent les biens des victimes. Les objets, meubles et documents de valeur sont alors mis à l'abri dans des tours de sécurité en pierre ou dans les îles du lac.

Séduit par les richesses de Quinsai, j'avais presque oublié Cambaluc quand Koubilaï Khan me fit rappeler à la Cour.

LES SONG prirent le contrôle de la Chine en 960, mais furent chassés du nord de leur empire par une tribu venue de Mandchourie, les Jürchen, en 1126. Réfugiés à Hangzhou, ils restèrent les maîtres de la Chine du Sud jusqu'à l'invasion des Mongols, en 1279.

Les pieds bandés
La coutume de bander les pieds des fillettes afin de les garder très petits se développe sous la dynastie Song. Le « pied menu » est considéré comme l'une des caractéristiques de la beauté féminine.

Un handicap
Les pieds bandés sont un handicap pour la femme qui ne peut plus se déplacer aisément.

Femme aux pieds bandés

« J'eus à plusieurs reprises l'occasion de visiter Quinsai, l'ancienne capitale des Song. »

La porcelaine de Chine
Les porcelaines Song sont réputées pour la grâce de leurs formes et pour la subtilité de leurs coloris. Les pièces les plus recherchées sont les Ting, de couleur ivoire, et les **céladons**, d'un vert-bleu-gris subtil. Elles possèdent souvent des lignes sobres et épurées car les Song estiment que la simplicité est le summum du luxe.

Vase

Verseur à deux becs (céladon)

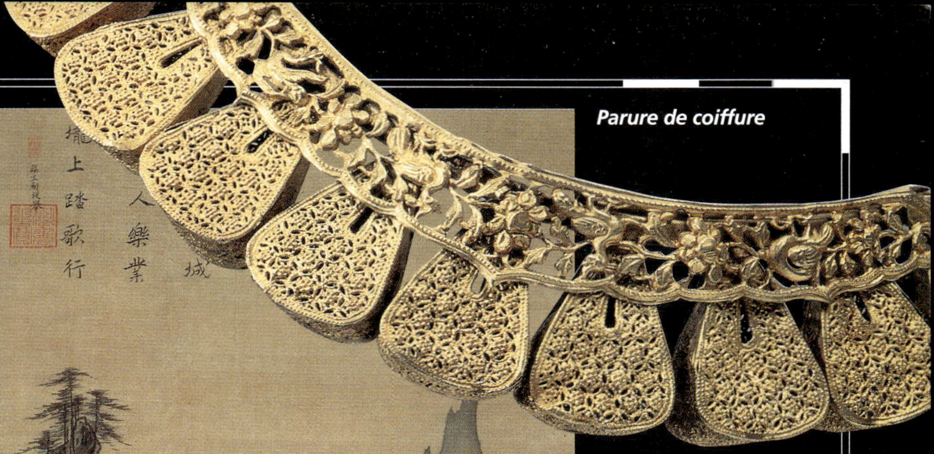

Parure de coiffure

Une élite d'artistes et de lettrés
Tenus à l'écart du gouvernement et de l'administration par les Yuan, les intellectuels Song se tournent vers d'autres activités. Ils collectionnent les antiquités et s'adonnent avec talent à la peinture, à la poésie et à la calligraphie, c'est-à-dire à l'écriture des caractères chinois.

Les maîtres paysagistes
Munis des « quatre trésors de l'étude » : le pinceau, l'encre, la pierre à encre et le papier, les grands maîtres de la peinture réalisent principalement des paysages. Souvent, ils mêlent plusieurs formes d'art et calligraphient sur leurs peintures des poèmes de leur composition.

La Princesse Bleue

Après trois années passées au Mangi, comme gouverneur de Yangiu, je fus heureux de retrouver mon père et Mafeo. Leurs cheveux avaient blanchi, leurs visages accusaient quelques rides nouvelles, mais ils étaient en bonne santé et continuaient de gérer leurs affaires avec fermeté.

– Mon fils, je suis enchanté de te revoir, me dit mon père en m'embrassant et en me serrant dans ses bras. Raconte-moi ! Ta mission dans le Sud s'est-elle bien déroulée ?

– Oui ! Koubilaï Khan s'est déclaré satisfait de mon travail. Il faut dire qu'il a toutes les raisons d'être ravi : les terres irriguées par le fleuve Quiansui sont d'une fertilité incroyable et les richesses du Mangi infinies. De plus, le dernier empereur des Song du Sud s'est suicidé en 1279. Le Grand Khan contrôle donc à présent la totalité du Mangi et reçoit de cette province d'énormes tributs.

Mon retour fut fêté à la Cour pendant plusieurs jours et le Grand Khan récompensa mes bons et loyaux services par plusieurs **cassettes** remplies de

Cassette : petit coffre où l'on place des objets de valeur.

bijoux et d'objets précieux. J'étais l'un des hommes de confiance de l'empereur. Dorénavant ma carrière était assurée.

Les années qui suivirent, Koubilaï Khan m'honora de maintes responsabilités et m'envoya plusieurs fois comme ambassadeur à l'étranger. Je me rendis, par exemple, auprès du roi de Ceylan, vers 1284, car ce dernier possédait un splendide rubis que le Grand Khan voulait lui acheter. Le roi refusa de vendre cette pierre vermeille d'une grosseur exceptionnelle et justifia sa décision en **arguant** que le joyau appartenait à sa famille depuis plusieurs générations et qu'il devait impérativement le transmettre à ses fils. Quatre ans plus tard, je fus également membre d'une ambassade envoyée au **Champa**. Nous négociâmes le retrait des troupes tartares de ce royaume en échange de son **serment d'allégeance** à l'empire et du paiement d'un tribut : vingt éléphants par an et du bois d'**aloès** en grande quantité.

Arguer : expliquer.
Champa : Vietnam actuel.
Serment d'allégeance : acte officiel par lequel une personne jure fidélité et soumission à une autre personne.
Aloès : plante grasse dont la sève est utilisée en pharmacie.

Au début des années 1290, mon père et Mafeo commencèrent à évoquer leur retour à Venise. Malgré mes excellentes relations avec Koubilaï Khan et les privilèges dont je jouissais, j'avais bien envie moi aussi de rentrer. Nous décidâmes d'aller trouver l'empereur pour lui demander la permission de quitter le Catai.

– Sire, mon frère et moi sommes vieux maintenant, commença Mafeo. Il est temps pour nous de retourner au pays.

– À Venise, enchaîna mon père, j'ai une femme qui m'attend. Je souhaite la rejoindre et finir ma vie auprès d'elle.

– J'ai passé à votre service plus de quinze ans et je vous rends grâce de tous vos bienfaits, continuai-je. Je ne regrette rien, mais je désire aujourd'hui revoir ma famille et ma patrie.

– Mes amis, il n'en est pas question, s'exclama l'empereur. Je vous aime trop et j'ai besoin de vous à mes côtés. Je refuse de vous donner congé. Réfléchis, Marco ! Tu n'as que trente-six ans ! J'ai encore beaucoup de projets pour toi.

Les mois qui suivirent, nous renouvelâmes plusieurs fois notre demande… Sans succès.

Nous nous **morfondions** depuis une année quand un concours de circonstances inattendu vint débloquer la situation : trois émissaires du roi Arghoun, le souverain des Tartares du Levant, vinrent au Catai chercher une princesse destinée à épouser leur chef. Les routes du Nord étant bloquées par des guerres entre seigneurs tartares, ils prévoyaient de la ramener en Perse par la voie maritime du Sud. Quand ils

Se morfondre : attendre longtemps dans l'ennui et l'inquiétude.

apprirent que j'avais déjà parcouru plusieurs fois les mers de Cin et d'Inde, ils supplièrent le Grand Khan de me laisser les guider. Koubilaï Khan accepta à contrecœur et accorda à mon père et Mafeo le droit de m'accompagner. Le jour du départ, il nous offrit de nombreux cadeaux et nous fit ses adieux :

Marri : triste et désolé.

– Je suis bien **marri** que vous me quittiez, mais puisqu'il en est ainsi, je vous souhaite un bon voyage. Voici des tablettes d'or, marquées du sceau royal, qui vous permettront de circuler librement dans mon

empire. Je vous charge également de **missives** pour le pape, le roi de France, le roi d'Espagne et les autres monarques de la Chrétienté.

Missive : lettre.

– Merci, Sire ! Votre générosité et votre confiance nous honorent. Nous serons vos fidèles porte-parole, l'assurai-je.

– Nicolo et Mafeo, c'est à vous que je confie la future épouse de mon petit-neveu Arghoun. Elle n'a que dix-sept ans et se nomme Cocasin, ce qui signifie « bleue comme le ciel ». Occupez-vous d'elle comme de votre propre fille !

Cocasin était une princesse très belle, aux manières exquises. Son doux visage respirait la modestie et la pureté. Comme toutes les jeunes filles du Catai, elle se déplaçait à petits pas, les yeux baissés. Elle prenait peu la parole et ne manifestait jamais la moindre impatience. Elle se tenait éloignée du monde, ne fréquentait point les fêtes, ni les réunions joyeuses, et ne prêtait aucune attention aux garçons. Elle passait le plus clair de son temps enfermée dans sa chambre, occupée à broder. Cette attitude effacée me changea des filles tartares qui avaient l'habitude de chevaucher librement aux côtés des hommes...

Nous embarquâmes en 1291, à Çaiton, au sud du Mangi. Koubilaï Khan avait mis à notre disposition une flotte de quatorze vaisseaux. Tous possédaient quatre mâts et un large pont supportant une soixantaine de cabines. Pendant que j'installais Cocasin, ses dames de compagnie et ses domestiques, les trois émissaires d'Arghoun, mon père et Mafeo à bord de la première nef, les autres navires furent pris d'assaut par quelque six cents seigneurs et dames qui accompagnaient notre délégation.

Au moment de larguer les amarres, Cocasin fit une timide apparition sur le pont pour jeter un dernier regard à sa terre natale. Elle contempla le ballet ininterrompu des nefs qui arrivaient d'Inde, chargées de pierreries, de perles, de bois précieux et d'épices ou qui quittaient Çaiton les cales remplies de marchandises provenant du Mangi. Elle-même emportait dans ses bagages maintes richesses de son pays : des pièces de soie de toutes les couleurs et de magnifiques **porcelaines de Tingiu**. Ces dernières étaient célèbres dans le monde entier pour leur finesse et leur subtil coloris bleu-vert.

Nous voguâmes toutes voiles dehors le long des côtes du Mangi et du Champa, puis nous mîmes le cap sur une province appelée Lochac. Le commandant de notre flotte était un homme affable, qui arborait de nombreux tatouages, dont un dragon sur le torse et une tête de tigre sur le bras droit. Marin chevronné, habitué à sillonner la mer de Cin, il partageait volontiers ses connaissances et nous livrait divers détails sur les pays et les innombrables chapelets d'îles que nous croisions :

– Dans la région poussent toutes sortes de bois précieux. Certains sont rouges, comme le brésil, d'autres sont noirs, comme l'ébène, ou parfumés, comme le camphrier, l'aloès et le santal. Chaque bout de terre regorge d'épices : poivre, noix de muscade, clous de girofle, **galanga** et bien d'autres.

Ces informations étaient pour moi inestimables, car je savais qu'à Venise mes connaissances sur le marché des épices vaudraient de l'or.

Porcelaines de Tingiu : également appelées « céladons ».
Galanga : plante de la famille du gingembre aux propriétés stimulantes et aromatiques.

Après avoir contourné la péninsule de Lochac, nous accostâmes sur l'île de Sumatra pour nous ravitailler en eau potable et en nourriture. Malheureusement, de désastreuses conditions climatiques nous empêchèrent de reprendre la mer. Cloués sur place, nous décidâmes de descendre à terre et de construire sur la plage cinq forteresses en bois, entourées de larges fossés. Quelques habitants de l'île vinrent à notre rencontre pour nous vendre du riz, du poisson, des noix de coco et du **vin de palme**.

Vin de palme : boisson alcoolisée à base de sève de palmier fermentée.

Notre séjour à Sumatra ne fut guère plaisant, loin s'en

faut. La contrée était hostile, partagée entre animaux sauvages et peuplades dangereuses. Nous nous méfiions des rhinocéros, gros comme des éléphants et tout poilus, qui chargeaient leurs victimes pour ensuite les piétiner à mort. Nous redoutions aussi les nombreux cannibales qui habitaient l'île. Ces sinistres individus n'hésitaient pas à capturer des étrangers pour les faire rôtir. Puis, lors de fêtes joyeuses, ils se régalaient de leur chair et suçaient chacun de leurs os jusqu'à la moelle.

Retranchés derrière de hautes palissades, nous vécûmes cinq mois protégés des agressions extérieures mais pas des maladies. Confrontés à l'humidité de l'air et aux insectes, la majorité des passagers et des marins attrapèrent la fièvre. Beaucoup en moururent, dont deux émissaires du roi Arghoun.

<u>LES ÉPICES D'ORIENT</u> **sont au Moyen Âge un produit de luxe. Elles servent à préparer des remèdes, des potions, des onguents et des parfums. On les utilise pour conserver les aliments, pour rehausser la saveur de certains plats, voire pour masquer le goût de certaines denrées plus très fraîches.**

Pain d'épices

Clous de girofle

Fenouil

Poivre blanc

Gingembre

Noix de muscade

Le poivre
Originaire du sud-ouest de l'Inde, le poivre peut être consommé en grains ou moulu. Il est vert lorsqu'il est cueilli non mûr et conservé dans du sel ou du vinaigre. Il devient noir lorsqu'il est récolté non mûr puis séché au soleil. Il vire au blanc lorsqu'il est cueilli mûr puis débarrassé de sa peau et séché au soleil. Largement utilisé en cuisine pour relever le goût des aliments, le poivre avait jadis une telle valeur qu'il pouvait servir de monnaie d'échange au même titre que l'or.

Récolte du poivre

Le clou de girofle et le gingembre
Le premier est utilisé en pharmacie pour lutter contre les infections et les douleurs, notamment les rages de dents. Le deuxième peut être cuisiné frais, séché ou confit.

« Chaque bout de terre regorge d'épices : poivre, noix de muscade, clous de girofle… et bien d'autres. »

La noix de muscade
Râpée, cette graine aromatise des préparations culinaires. Elle sert aussi en pharmacie et en parfumerie.

Le safran
Épice la plus chère du monde, il est utilisé en cuisine, et comme teinture. Il colore les étoffes en jaune.

La cardamome
Employée dans de nombreux plats indiens, elle facilite la digestion et rafraîchit l'haleine.

Poivre vert

Safran

Cardamome

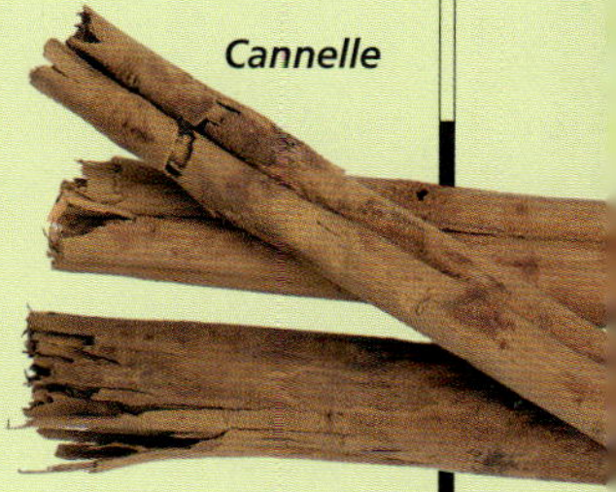

Cannelle

La découverte de l'Inde

Nous profitâmes de la première éclaircie pour quitter Sumatra et reprendre notre route vers l'ouest. Nous n'étions malheureusement pas au bout de nos épreuves. Une nuit, alors que nous naviguions entre les îles Necuveran et Angaman, une terrible tempête se déclara. Plongés au milieu des ténèbres, nous luttâmes contre des éléments déchaînés. Les vagues immenses et les rafales de vent malmenaient tant notre navire que je m'attendais à le voir se fendre en deux à tout moment.

– Commandant, combien de temps notre nef peut-elle résister à de tels assauts ? demandai-je, anxieux.

– Dieu seul le sait ! La situation est grave, mais il faut garder confiance. Ce vaisseau est très solide : il est fait de plusieurs couches de planches maintenues par des clous en fer. La **cale** est divisée en treize compartiments étanches, donc, même si la coque cède à un endroit, l'eau sera retenue dans l'un d'entre eux et ne pourra envahir l'ensemble de la cale. Ce système a déjà sauvé maints navires du naufrage.

Cale : partie d'un navire située sous le pont, destinée à recevoir la cargaison.
Pluie diluvienne : très grosse pluie, déluge.

Pendant des heures, des éclairs strièrent le ciel, tandis qu'une **pluie diluvienne** s'abattait sur nous. Au petit matin, comme par miracle, les éléments se calmèrent. Alors qu'un pâle soleil se levait à l'horizon, je pus constater l'ampleur des dégâts : notre flotte éparpillée ne comptait plus que neuf navires. Ceux qui n'avaient pas coulé étaient en piteux état : voiles déchirées, mâts arrachés, coques percées. Nous rafistolâmes nos vaisseaux avec les moyens du bord et poursuivîmes notre périple vers les côtes indiennes.

Malgré le délabrement de nos navires, nous réussîmes à atteindre la côte sud-est de l'Inde. Nous débarquâmes dans un port de la province de Maabar, épuisés mais heureux de fouler la terre ferme. Logés dans une petite auberge, mon père, Mafeo, Cocasin et moi-même consacrâmes les premiers jours de notre arrivée à nous reposer et à reprendre des forces. Ce moment de répit prit fin lorsque le commandant de notre flotte vint me faire son rapport :

– Messire Polo, j'ai inspecté nos nefs avec un charpentier et, selon lui, deux d'entre elles ne reprendront plus la mer. Les sept autres peuvent être réparées, mais cela va nécessiter plusieurs semaines de travail.

Bien que l'annonce de ce retard me contrariât énormément, je résolus de ne pas me décourager et de mettre à profit cette escale pour réaliser quelques bonnes affaires.

Dès le lendemain, je me rendis chez un négociant expert en joyaux. Il me reçut cordialement et accepta de me montrer certains de ses trésors. Il étala devant moi des rubis, des saphirs, des **topazes**, des **améthystes**, des **grenats** et des perles. Puis il me confia quelques renseignements sur le commerce de ces riches articles :

– Toutes ces merveilles viennent de la province de Maabar ou de l'île de Ceylan. Elles font la richesse de notre pays et notre souverain en contrôle sévèrement le commerce. Seules les plus petites pièces sont laissées en vente libre. Les autres sont réservées au roi, qui les achète le double de leur valeur. Il faut dire que notre souverain raffole des bijoux. Il porte généralement deux colliers : l'un d'or, de perles, de rubis et de saphirs ; l'autre composé de cent quatre perles et rubis enfilés sur un cordon de soie. Ce nombre correspond aux cent quatre prières qu'il doit faire chaque jour. Il se pare également de bracelets aux bras et aux jambes et arbore une bague à chaque doigt et orteil.

Topaze : pierre précieuse de couleur jaune.
Améthyste : pierre fine de couleur violette.
Grenat : pierre fine rouge foncé.

– Je souhaite vous acheter des perles et quelques pierres. Vendez-vous aussi des diamants ?

– Non. Le Maabar ne produit pas de diamants. Pour en trouver, vous devez vous rendre au royaume de Mutifili, beaucoup plus au nord.

Notre entrevue se poursuivit en d'âpres négociations. Je sortis finalement de chez lui après plusieurs heures de palabres, satisfait et les poches gonflées de précieuses marchandises.

Je retournai sur-le-champ à l'auberge pour annoncer à mon père et Mafeo mon désir d'aller chercher des diamants au royaume de Mutifili.

– Fais comme tu l'entends, Marco, déclara mon père, mais ne t'attarde pas. Pendant ce temps, je surveillerai les réparations de notre flotte.

Je pris la route du Nord le lendemain matin, accompagné d'un guide, un jeune homme à la peau foncée, vêtu d'un simple pagne. Il mâchonnait des feuilles de **bétel** à longueur de temps et, pendant que nous chevauchions, il me parlait des traditions de son pays :

– Nous accordons beaucoup d'importance à la propreté. Hommes ou femmes, nous nous rendons à la rivière matin et soir afin de nous laver entièrement. Pour manger ou pour toute autre activité noble, nous n'utilisons que la main droite, car la gauche est réservée aux tâches sales et impures. Nous sommes également un peuple très superstitieux et nous ne prenons aucune décision importante sans l'avis d'un astrologue ou d'un **devin**. Chaque jour, nous redoutons *coiach*, l'heure maudite, et nous cessons toute activité pendant sa durée. Nous interprétons aussi une foule de **présages** comme un éternuement, un ronflement, le vol d'une hirondelle ou la marche d'un lézard.

Bétel : plante dont les feuilles rendent un suc rouge écarlate très tonique.
Devin : personne qui prétend pouvoir prédire l'avenir.
Présage : événement ou signe censé donner des indications sur l'avenir.

Sur le trajet, nous traversâmes plusieurs villes où se dressaient des temples étonnants, ornés de statues représentant des animaux fantastiques et des idoles à quatre têtes ou à dix bras !

Un jour, poussé par la curiosité, je pénétrai à l'intérieur d'un de ces lieux sacrés. Devant moi s'étendait une galerie sombre, bordée de colonnes. Tout au bout vacillait une lumière pâle qui attira mon regard. En avançant vers elle, je découvris que les murs étaient couverts de **fresques** et de **bas-reliefs** figurant des danseuses, des musiciennes et des acrobates.

Fresque : grande peinture murale.
Bas-relief : sculpture faite sur un mur.

J'entendis aussi, de plus en plus distinctement, des chants accompagnés d'une mélodie lancinante. Lueurs et sons provenaient d'un sanctuaire dans lequel je me glissai discrètement.

À peine entré, je restai stupéfait du spectacle qui se déroulait sous mes yeux. Éclairées par des torches et des bougies, des jeunes filles pratiquement nues dansaient et exhibaient sans **vergogne** leur corps **gracile**. Face à elles, un autel surmonté d'un baldaquin abritait une idole de bronze. La statue, enveloppée par les volutes parfumées des encens, représentait un dieu à quatre bras

Vergogne : pudeur.
Gracile : fin et élancé.

en train de danser au milieu d'un cercle de flammes. La divinité était coiffée d'un bouquet de feuilles, d'un croissant de lune, d'une tête de mort et d'un cobra. Elle possédait un troisième œil au milieu du front et des serpents lui servaient de bracelets. Envoûté par la musique et la grâce des danseuses, je demeurai **tapi** dans l'ombre un long moment avant de m'éclipser. À la sortie du temple, je retrouvai mon compagnon de route qui m'apprit que je venais d'assister à une cérémonie en l'honneur du dieu Shiva Nataraja.

Accablé par la chaleur, je me remis en selle de mauvaise humeur. Heureusement, mon guide, toujours aussi bavard, se lança dans de nouvelles explications sur les coutumes indiennes qui me changèrent rapidement les idées :

– Chez nous, certains hommes appelés « yogi » choisissent de vivre dans la pauvreté et l'**abstinence**. Ils renoncent à porter des vêtements, ne possèdent aucun bien et dorment à même le sol. Ces sages pensent que toutes les plantes et toutes les créatures terrestres ont une âme, même les mouches, les puces, les poux et les vers. Aussi refusent-ils de tuer les animaux et de manger de la viande. Ils se nourrissent peu et consomment seulement du pain, du riz, du lait et de l'eau. Malgré leurs conditions de vie très rudes, on dit qu'ils peuvent vivre jusqu'à cent cinquante ou deux cents ans !

Tapi : caché.
Abstinence : action de s'interdire certains aliments et certains plaisirs comme l'amour

Rythmé par les propos instructifs de mon **intarissable** compagnon, notre parcours se déroula sans halte jusqu'à la frontière du Maabar.

Intarissable : qui n'arrête pas de parler.

Là se trouvait Mylapore, la ville de saint Thomas. Venu de Syrie en l'an 52 pour évangéliser les Indes, l'apôtre avait prêché la foi chrétienne aux habitants de Mylapore et était mort vingt ans plus tard. Saint Thomas avait été enterré sur place et la cité était devenue un haut lieu de pèlerinage. Je me rendis dans l'église qui lui était consacrée pour y prier avec ferveur et demander à Dieu qu'il protège notre retour jusqu'à Venise. Je pris également un peu de terre à l'endroit où le saint homme était mort, car cette terre rouge avait la réputation de pouvoir guérir certaines maladies.

Nous passâmes trois ou quatre jours dans ce lieu paradisiaque planté de cocotiers et peuplé de paons, puis nous poursuivîmes notre chemin jusqu'au royaume de Mutifili. Pressés par le temps, nous n'effectuâmes dans cette région qu'une brève incursion. Je réussis sans difficulté à me procurer quelques diamants, puis nous fîmes demi-tour.

Nous parcourûmes le trajet du retour d'une seule traite et nous regagnâmes le port du Maabar où stationnait ma flotte. Mon père m'attendait le sourire aux lèvres :

– Marco, nos navires sont réparés ! m'annonça-t-il. Nous pouvons enfin lever l'ancre !

L'INDE DU SUD est, au XIIIe siècle, une région prospère gouvernée successivement par deux grandes dynasties : les Chola, établis à Tanjore, et les Pandya, installés à Madurai. Riches et puissants, ces souverains entretiennent une cour luxueuse, érigent des temples et favorisent les arts, les lettres et les sciences.

Dans le temple de Tanjore

Les danses sacrées
La région du Tamil Nadu est le berceau du dieu de la Danse, **Shiva Nataraja**. C'est aussi là que fut inventé le Bharata Natyam, une danse mimant les aventures des dieux Shiva et Krishna.

Miniature représentant Krishna (divinité indienne) et Radha (sa maîtresse)

L'amour des joyaux
Faits d'or, de perles, de rubis, de saphirs et autres pierres précieuses, les bijoux indiens sont d'une richesse exceptionnelle et d'une incroyable diversité : parures pour les cheveux, boucles d'oreilles, colliers, ceintures, bracelets, bagues...

Shiva Nataraja

Le temple de Brihadisvara : dédié à Shiva, c'est l'un des plus beaux temples de l'Inde.

Le grand temple de Tanjore
Construit par les Chola au Xe siècle, **le temple de Brihadisvara** est un ensemble monumental magnifiquement orné et dominé par un sanctuaire pyramidal haut de 66 mètres.

Le yoga
Pour libérer leur esprit des contraintes matérielles, les yogi renoncent aux biens et aux plaisirs terrestres et s'imposent une discipline exigeante faite de méditation et d'exercices physiques.

« Je venais d'assister à une cérémonie en l'honneur du dieu Shiva Nataraja. »

Le retour à Venise

Alors que nous nous apprêtions à quitter le Maabar, certains seigneurs de la délégation m'annoncèrent qu'ils renonçaient à poursuivre un voyage aussi dangereux et qu'ils préféraient rentrer au Mangi. Leurs craintes étant légitimes, j'acceptai leur décision de bonne grâce et leur laissai deux navires. Les larmes aux yeux, Cocasin fit ses adieux à plusieurs dames de la Cour, puis nous larguâmes les amarres.

Notre flotte longea le Maabar vers le sud, puis doubla la pointe de l'Inde. Accoudé au **bastingage**, je passais de longs moments à scruter la côte. Parfois, le commandant se joignait à moi et commentait les paysages qui défilaient lentement sous nos yeux :

Bastingage : barrière bordant le pont d'un bateau.

– Cette contrée abrite toutes sortes d'animaux sauvages : des panthères noires, des tigres, des lynx, des ours et d'énormes singes. On y trouve aussi des paons et des perroquets aux plumes blanches et vermeilles.

Nous remontâmes ensuite la côte ouest de l'Inde jusqu'à Coilum, un grand port fréquenté par des marchands du monde entier. Des nefs originaires du Mangi y déchargeaient des cargaisons de soie et de porcelaine, tandis que des navires provenant d'Arabie y débarquaient quantité de chevaux. Tous repartaient remplis de poivre, de cannelle, de gingembre et d'**indigo**.

Après une brève escale à Coilum, nous voguâmes en direction du royaume de Coçurat. Un matin, alors que l'aube pointait, je fus réveillé en sursaut par les cris de la **vigie** :

– Des pirates ! Des pirates à **tribord** ! Nous sommes attaqués !

Je me ruai sur le pont où le commandant hurlait déjà ses ordres :

– À **bâbord** toute ! Réveillez-vous, matelots ! Hissez les voiles ! Nous devons gagner le large au plus vite !

J'étais pétrifié de peur car je connaissais la terrible réputation des pirates de la côte de Malabar. Ces brigands sans foi ni loi s'emparaient des marchandises et rançonnaient les voyageurs. Ils torturaient et tuaient sans scrupule tous ceux qui leur résistaient. S'ils trouvaient des femmes, ils les malmenaient et les réduisaient en esclavage.

– Pouvons-nous leur échapper, commandant ? interrogeai-je d'une voix sans **timbre**.

– Oui, si nous réussissons à les distancer et à nous réfugier en haute mer.

Indigo : colorant bleu-violet extrait des feuilles d'une plante appelée « indigotier ».
Vigie : matelot chargé de surveiller la mer.
Tribord : côté droit d'un navire.
Bâbord : côté gauche d'un navire.
Timbre : sonorité de la voix.

– Mais comment se fait-il que nous ne les ayons pas vus venir ?

– Leur **tactique** est entièrement basée sur l'effet de surprise. Ils guettent leur proie, cachés dans une **crique**, et surgissent sans crier gare. Ils tentent de couper la route au navire qu'ils convoitent et, si ce dernier réussit à les éviter, ils le prennent en chasse. Ensuite, tout est affaire de vitesse.

Ce jour-là nous fûmes les plus rapides et nous sauvâmes nos vies. Derrière nous, les deux derniers navires de notre flotte eurent moins de chance et tombèrent aux mains des pirates. Conscients que leur porter secours aurait été inutile et suicidaire, nous les abandonnâmes à leur destin et poursuivîmes notre chemin, la mort dans l'âme.

Nous dépassâmes le royaume de Coçurat, grand producteur de coton et de cuir, puis nous suivîmes les côtes du royaume de Kesmacoran, la dernière province indienne avant la Perse. Nous voguâmes ensuite vers notre destination finale : Curmos, le port de Perse que j'avais visité lors de notre voyage aller. En arrivant à Curmos, mon père, Mafeo, Cocasin et moi-même partageâmes un immense sentiment de soulagement : nous étions sains et saufs. J'en étais d'autant plus reconnaissant à ma bonne étoile que le sort ne nous avait épargné aucune **calamité** et que notre

Tactique : stratégie mise en œuvre lors d'un combat.
Crique : découpage naturel d'un rivage formant une petite baie.
Calamité : malheur irréparable.

flotte avait perdu onze de ses quatorze navires. Sur les six cents passagers embarqués à Çaiton, nous n'étions plus que dix-huit ! L'un des ambassadeurs d'Arghoun, appelé Coja, avait survécu. À peine débarqué, il partit informer son seigneur de la venue de notre délégation. Il revint vers nous au bout de quelques jours, porteur de mauvaises nouvelles :

– Koubilaï Khan est mort en février de cette année 1294, nous apprit-il avec gravité.

Cette annonce m'attrista profondément, car je vouais au Grand Khan une amitié sincère. Je réalisai aussi que l'empire allait être fragilisé par cette disparition et que je n'aurais sans doute plus jamais l'occasion de retourner au Catai.

– Le roi Arghoun est lui aussi décédé, renchérit Coja. Il a laissé comme héritier son fils Gazan, mais pour l'instant le garçon est trop jeune pour régner. C'est son oncle Gaikhatou qui assure la **régence**.

– Voilà qui n'arrange pas nos affaires, soupira mon père. À qui allons-nous confier Cocasin ?

– J'ai parlé de la princesse à Gaikhatou. Il désire que nous l'offrions à Gazan, qui se trouve actuellement en poste aux frontières nord de la Perse.

Obéissant aux ordres de Gaikhatou, nous nous mîmes en route rapidement et traversâmes la Perse pour rejoindre Gazan. Ce dernier nous

Régence : gouvernement d'un royaume exercé par une personne qui remplace le souverain lorsque celui-ci est trop jeune, malade ou absent.

accueillit chaleureusement, enchanté de revoir Coja, l'ami de son père. Nous lui présentâmes la douce Cocasin ; il la trouva fort à son goût et accepta de l'épouser avec plaisir. Notre mission touchant à sa fin, nous prîmes congé de la jeune fille qui jura de nous chérir dans son cœur jusqu'à la fin de ses jours et nous fit des adieux déchirants.

Nous retournâmes ensuite à la cour de Gaikhatou pour nous reposer et mener à bien quelques affaires. Notre séjour en Perse dura neuf mois, puis nous décidâmes de rentrer à Venise en passant par **Trébizonde**, Constantinople et **Nègrepont**. Nous parcourûmes cet itinéraire sans soucis, hormis à Trébizonde où le gouvernement de la ville nous confisqua une partie de nos richesses, soit plusieurs sacs de pièces d'or.

Trébizonde : capitale de l'empire des Comnènes fondée sur les rives de la mer Noire.
Nègrepont : colonie vénitienne de la mer Égée.

Nous débarquâmes à Venise en l'an 1295, après presque vingt-cinq ans d'absence. Lorsque nous nous présentâmes à la porte de la maison familiale, nos proches ne nous reconnurent pas. Mon père et Mafeo étaient devenus des vieillards. Quant à moi, je n'étais plus l'adolescent d'autrefois, mais un homme d'âge mûr. Les retrouvailles furent d'autant plus difficiles que j'avais presque complètement oublié ma langue maternelle, ne m'exprimant plus qu'en mongol, en persan, en turc ou en arabe.

Pour tenter de détendre une atmosphère lourde de doutes et de méfiance, nous invitâmes toute notre famille et nos amis à un somptueux banquet. Pendant le repas, nous leur racontâmes notre voyage, en leur montrant les mille et un produits exotiques que nous avions rapportés.

– Regardez cette laine blanche aussi fine que de la soie, disait Mafeo. Elle vient de **vaches sauvages** très grosses et très poilues qui vivent au Tangut.

– Dans cette région vivent aussi des gazelles porte-musc, poursuivait mon père. Voici la tête et le pied desséchés d'une de ces bêtes, ainsi que des dents et un peu de **musc**.

Intéressés, nos invités sentaient et goûtaient les épices, manipulaient les objets faits en bois d'ébène et caressaient nos somptueux vêtements venus d'Orient. Gardant le meilleur pour la fin, nous attendîmes que le festin soit terminé pour ôter nos manteaux et découdre leurs ourlets. Sous les yeux ébahis de nos hôtes, nous tirâmes de leur doublure des colliers de perles, des sachets de pierres précieuses, des tablettes d'or et maintes autres merveilles. Tandis que certains de nos convives demeuraient sans voix, beaucoup d'autres, impressionnés par l'étalage de nos richesses, se déclarèrent convaincus de notre bonne foi. Dès lors, nous retrouvâmes avec bonheur la confiance et l'affection de nos proches, ainsi que notre place parmi l'**élite** des citoyens de Venise.

Vaches sauvages : il s'agit de yacks.
Musc : substance brunâtre très parfumée sécrétée par les glandes abdominales de certains mammifères.
Élite : personnes qui tiennent le premier rang dans une société.

Épilogue

Quelques mois après son retour, Marco Polo prit part à un conflit entre Venise et Gênes. Il fut capturé lors d'un combat naval, peut-être en 1296, et emprisonné au donjon de Gênes. Pendant sa **réclusion**, il rencontra Rustichello de Pise, un écrivain, auteur de romans de chevalerie. Il lui raconta ses souvenirs d'Orient et lui demanda de rédiger ses Mémoires. Marco Polo fut libéré en 1299 et rentra à Venise. Il reprit ses activités de marchand et se consacra notamment au commerce des épices. Il épousa Donata, l'héritière d'une noble et riche famille vénitienne, qui lui donna trois filles : Fantina, Bellela et Moreta. Il passa le reste de sa vie à Venise et mena une existence paisible jusqu'à sa mort, en 1324, à l'âge de soixante-dix ans.

Réclusion : enfermement.

<u>LA GÉOGRAPHIE MÉDIÉVALE</u> **ne connaît que trois continents : l'Europe, l'Asie et une partie de l'Afrique. Les véritables contours de l'Afrique sont discernés à la fin du XVe siècle grâce aux expéditions de Dias puis de Gama. L'Amérique est découverte par Colomb en 1492 et Cook aborde l'Australie en 1770 seulement.**

Cynocéphales (hommes à tête de chien)

Peuple fantastique

Monstre

Un monde surnaturel
Les hommes du Moyen Âge imaginent que les régions inexplorées abritent des **peuples fantastiques** et des animaux fabuleux : dragons, griffons, licornes, sirènes, cyclopes, etc. Dans *Le Livre des merveilles*, Marco Polo évoque les **cynocéphales** qui, selon lui, vivent dans les îles Andaman.

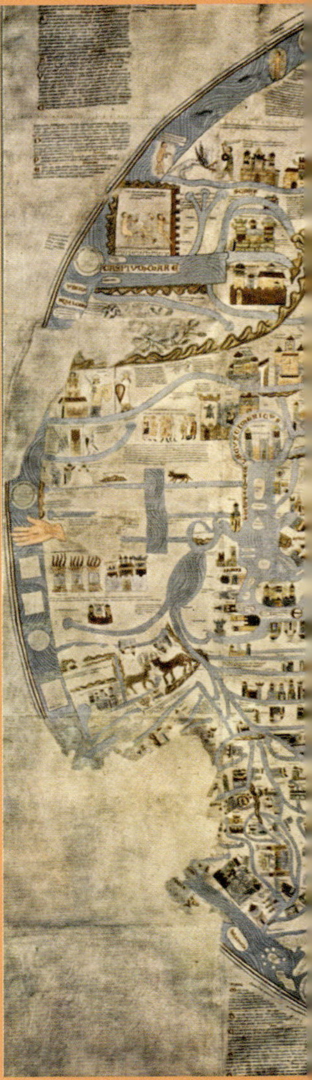

Carte d'Ebstorf

“ Marco Polo lui raconta ses souvenirs d'Orient et lui demanda de rédiger ses Mémoires... ”

Carte du XIIe siècle

Les cartes
Au XIIIe siècle, l'Europe a oublié les connaissances géographiques acquises par les Grecs. Ne suivant aucune démarche scientifique, les moines produisent des cartes très schématiques ou fantaisistes qui mélangent mythe et réalité. À la même époque, les Arabes possèdent d'excellentes cartes.

La carte du monastère d'Ebstorf
Au centre des cartes chrétiennes se trouve toujours Jérusalem, symbolisée ici par une image du Christ. Cette carte contient bien d'autres références bibliques dont Adam et Ève dans le jardin d'Éden.

Marco Polo et *Le Livre des merveilles*

Le livre de Marco Polo

Emprisonné à Gênes, vers 1298, Marco Polo se lie d'amitié avec un détenu appelé Rustichello de Pise. Ce dernier, écrivain de Cour à la mode, va l'aider à rédiger ses Mémoires à partir du récit oral de ses souvenirs et de quelques notes écrites.

Le manuscrit original, composé en français, a aujourd'hui disparu mais il nous en reste de nombreuses copies. Traduit en plusieurs langues, le livre de Marco Polo est connu sous différents titres : *La Description du monde, Le Devisement du monde, Le Livre des merveilles* ou *Il Milione*.

L'ouvrage connaît un vif succès dès sa parution et Marco Polo devient l'un des plus célèbres aventuriers du Moyen Âge à partir de 1553, quand le Vénitien Giovanni-Batista Ramusio publie son récit dans un recueil de textes appelé *Navigations et voyages*.

L'or de Çipingu

Au XVe siècle, le livre de Marco Polo fait partie des lectures favorites de Christophe Colomb qui rêve de découvrir l'or de Çipingu. En effet, bien qu'il ne l'ait pas visitée, Marco Polo décrit l'île de Çipingu (le Japon) et parle de son fabuleux palais entièrement couvert et pavé de plaques d'or. Fasciné par cette description, Christophe Colomb fera de Çipingu l'un des buts principaux de son voyage vers les Indes.

Palais vénitien acheté par la famille Polo, connu sous le nom de « Corte del Milione »

Voyager en Orient

L'aventure de Marco Polo n'est pas unique car, au XIIIe siècle, bien d'autres Européens vivent en Orient ou s'y rendent comme marchands, missionnaires ou ambassadeurs. Nous ne savons pratiquement rien de ces gens car très peu ont laissé des traces de leurs voyages. Parmi les rares témoignages, signalons l'*Histoire des Mongols* du franciscain Jean de Plan Carpin et le *Voyage dans l'Empire mongol* rédigé par le franciscain Guillaume de Rubrouck.

Parti pris de l'auteur

Nous connaissons cent quarante-trois manuscrits du livre de Marco Polo, qui offrent plusieurs versions différentes. En 1938, les professeurs Moule et Pelliot ont publié une synthèse prenant en compte l'ensemble des textes existants. Cet ouvrage de référence, d'abord édité en anglais, fut traduit en français par Louis Hambis, en 1955. Cette traduction, qui a servi de base à la rédaction du présent livre, est publiée aux éditions La Découverte sous le titre *Le Devisement du monde*, avec des notes explicatives de Stéphane Yerasimos. L'une des principales difficultés pour retracer la vie de Marco Polo est de séparer ce qu'il a réellement vécu des événements et des lieux dont il a seulement entendu parlé. Par exemple, il raconte des anecdotes plus ou moins imaginaires sur diverses régions africaines comme Mogadiscio en Somalie, l'île de Zanzibar, l'Éthiopie ou Aden au Yémen alors qu'il n'a vraisemblablement jamais visité ces contrées. Nous avons choisi d'ignorer ces passages qui ne relèvent pas de ses propres observations. Par contre, pour la scène finale des retrouvailles, dont Marco Polo ne dit rien, nous avons suivi la légende développée par Giovanni-Batista Ramusio.

Marco Polo est-il allé en Chine ?

Dès le XIIIe siècle, de nombreux sceptiques ont mis en doute la parole de Marco Polo. Selon la tradition, on aurait demandé à Marco, sur son lit de mort, de corriger ses exagérations et il aurait répondu qu'il n'avait pas dit la moitié de ce qu'il avait vu. Aujourd'hui encore, certains pensent qu'il ne s'est jamais rendu en Chine et qu'il s'est inspiré des récits de voyageurs. Ses détracteurs s'appuient sur le fait que Marco Polo n'apparaît pas dans les documents officiels de l'époque de Koubilaï Khan et qu'aucune archive chinoise ne le mentionne. Ils s'étonnent aussi que Marco Polo ne parle pas de la Grande Muraille, du thé ou des pieds bandés des femmes. Cette opinion est minoritaire et la plupart des historiens restent persuadés qu'il a bien parcouru l'Orient.

Marco Polo imaginé en costume tartare

Crédits photographiques

h : haut b : bas
d : droite g : gauche
c : centre

18 g : les chevaux de la place Saint-Marc, Venise. © ANA/ Atlantide ; c : *Le patriarche de Grado guérit un possédé*, H/T, 1494 par V. Carpaccio, galerie de l'Académie, Venise. © AKG/S. Domingie-M. Rabatti.

19 g : autel de la Ca d'Oro, art byzantin Xe s., or, argent, perles et émaux, église Saint-Marc, Venise. © AKG/E. Lessing ; d : *Les commerçants*, miniature XIVe s. de D. Lenzi, bibliothèque Laurentienne, Florence. © Scala.

30 hg : dans les montagnes de l'Altaï en Mongolie, yourte. © Hoa-Qui/ Explorer/P. Le Floc'h ; cg : Oulan Bator en Mongolie, fête nationale du Naadam. © Hoa-Qui/Buss Wojtek ; bg : Oulan Bator en Mongolie, rencontre de cavaliers. © Hoa-Qui/Buss Wojtek ; c : portrait de Gengis Khan, miniature persanne, in *Djamil el-Tawarik* Rashid al-Din, XIVe s., BNF (Ms Pers. 1113 fol.172) Paris. © AKG.

31 g : *Gengis Khan à la chasse au faucon*, peinture sur soie chinoise. © AKG ; d : cavaliers mongols, miniature persanne, in *Djamil el-Tawarik* Rashid al-Din, XIVe s., BNF, (Ms Pers. 1113 fol.72 v.) Paris. © AKG.

42 g : *La famille Polo voyageant en caravane* in *Atlas Catalan* manuscrit de 1375, British Library, Londres. © Bridgeman/ Giraudon/British Library ; h : tapisserie de soie et papier doré, Yuan, XIII-XIVe s., musée du Moyen Âge, Cluny, Paris. © RMN/J.G. Berizzi ; c (et p.5) : cavalier sur un chameau, terre cuite polychrome, Tang, musée des Arts asiatiques Guimet, Paris. © RMN/Th. Ollivier.

43 h : les montagnes du Pamir. © Gettyimages/Pix/ Keren Su ; c : désert du Takla-Makan. © Gettyimages/Pix/ Keren Su ; b : caravansérail sur la route de la soie, Kirghizie. © AKG/J. Sorges.

52 h : Bodhisattva, peinture sur soie, VIIe s., grottes de Mogao, Dunhuang. © Bridgeman/ Giraudon; b : grottes de Mogao, Dunhuang. © Sunset ; c : diptyque du Bouddha Cakyamuni, chapelle portative, bois polychrome, dorure, VIIIe s., grottes de Mogao. ©RMN/R. Lambert.

53 h : *Marco Polo et deux moines*, miniature de 1350 (ms. Royal 19,D1, fol 59v), British Library, Londres. © AKG/ British Library ; b : grande mosquée Pailou à Xi'an en Chine. © Bridgeman/ Giraudon/Alinari.

64 g : statuette d'enfant, poterie en terre cuite, XIIIe, Yuan, musée des Arts asiatiques Guimet, Paris. © RMN ; b : *La chèvre et le bouc*, dessin à l'encre, Chao Meng Fu, Yuan, Freer gallery, Smithsonian Institution, Washington. © Bridgeman/Giraudon; c : *Koubilaï Khan à la chasse*, encre de chine sur soie, Kuan To Liu (1270-1300), National Palace Museum, Taipei. © Bridgeman/ Giraudon.

65 d : acteur en costume, terre cuite, Yuan, trouvée à Chiao Tso, Chine, National Museum, Pékin. © Magnum/E. Lessing ; bd : Fac-similé d'un billet de banque de l'époque de Koubilaï Khan, illustration de *Le livre de Marco Polo* Ed. Yule, 1903. © Bridgeman/Giraudon.

76 h : la rivière Li, © AFP/ Pictor ; c : le fleuve Jaune. © Corbis/Sygma/M. Yamashita.

77 c : rizières. © Hoa-Qui/Explorer/J. Brun ; h : panda, Sichuan, Chine. © Corbis/ Sygma/Keren Su ; b: temples de Pagan en Birmanie. © Hoa-Qui/ Ch. Boisvieux.

86 g : verseuse à deux becs, Song, musée des Arts asiatiques Guimet, Paris. © Bridgeman/ Giraudon/Lauros ; h : Chinoise aux pieds bandés. © Corbis/ Sygma/ J. Wishnetsky ; bd : vase en porcelaine céladon de Lung Ch'uan, Song, Fitzwilliam Museum, Université de Cambridge. © Bridgeman/Giraudon.

87 c : paysage de montagne, encre sur soie, Ma Yuan. © Bridgeman/Giraudon ; h : parure de coiffure en or, Song, Xe-XIe s., Bronzes orientaux Limited, Londres. © Bridgeman/ Giraudon.

98 b : *Arrivée des marchands de l'Inde à Ormouz,* miniature in *Le Livre des Merveilles*, maître Boucicaut, BNF, Paris, (Ms. Fr. 2810 fol.14 v.) clous de girofle, fenouil, poivre blanc, gingembre, noix de muscade, pain d'épices. © Patrick Léger/Gallimard.

99 h : *Récolte de poivre*, miniature in *Le Livre des merveilles*, maître Boucicaut, BNF, Paris, (Ms. Fr. 2810 fol.84) ; poivre vert, safran, cardamome, cannelle. © P. Léger/Gallimard.

110 h : temple de Tanjore, Inde. © Corbis/Sygma/ F. Soltan ; b : *Krishna et Radha*, miniature indienne © Corbis/ Sygma/ C. Sheldan c : *Shiva Nataraja Chola*, bronze indien XIIe-XIIIes. © Bridgeman/ Giraudon.

111 h : temple de Brihadeswara, Tanjore, Inde. © Corbis/Sygma/ F. Soltan ; b : école de Shiva Yoga Mandir à Badami. © Corbis-Sygma/ F. Soltan.

122 h : *Hommes à têtes de chien* miniature in *Le Livre des merveilles*, maître Boucicaut , BNF, Paris. © Bridgeman/ Giraudon ; c : *Peuple fantastique* miniature in *Le Livre des merveilles*, maître Boucicaut, BNF, Paris, (Ms. Fr. 2810 fol.29 v.) ; b : *monstre du pays de Carajan* miniature in *Le Livre des merveilles*, maître Boucicaut, BNF, Paris, (Ms. Fr. 2810 fol.55 v.)

123 carte du monde, copie XIXe d'après un original de 1283. © AKG ; h : carte en forme de lettre T, XIIe s., British Library (Roy 12 F IV f. 135v.) © Bridgeman/ Giraudon/British Library.

124 maison de Marco Polo, Venise. © B. Cavanagh/ANA

125 Marco Polo en costume tartare, aquarelle XVIIIe s., Musée Correr, Venise. © Giraudon.

Bibliographie

J.-P. Drège, *Marco Polo et la route de la Soie*, Découvertes Gallimard, 1989.

National Geographic France, *Les Aventures de Marco Polo*, mai 2001 ; *Marco Polo en Chine*, juin 2001 ; *Marco Polo, le retour,* juillet 2001, Mike Edwards.

Marco Polo, *Le Devisement du monde (Le Livre des Merveilles)*, La Découverte, 1998.

A. Zorzi, *Vie de Marco Polo, voyageur vénitien,* Robert Laffont, 1983.

Sites internet

http://www.chez.com/gazelle/Archives/1492/Present.htm

http://www.bnf.fr/web-bnf/expos/ciel/catalan/marco/page.htm

Sur les traces

Direction éditoriale : Françoise Favez
Direction artistique : Élisabeth Cohat

Sur les traces de Marco Polo

Graphisme : Riccardo Tremori, Christine Régnier
Édition : Françoise Favez
Iconographie : Nathalie Lasserre
Carte : Fernand Mognetti

DANS LA MÊME COLLECTION :

Sur les traces...

des dieux d'Égypte - de Moïse - d'Ulysse - des fondateurs de Rome - d'Alexandre le Grand - de Jules César - de Jésus - d'Aladdin - des Vikings - du roi Arthur - de Marco Polo - de Jeanne d'Arc - de Christophe Colomb - de Léonard de Vinci - des Pirates - des Esclaves de Napoléon - de Darwin - des Arabes et de l'islam - Cléopâtre